Facile le tricot pour ma poupée

Pour apprendre la technique du tricot et réaliser des vêtements

Monica BELLUZZO

ARCANCIA ©

Sommaire

Ce manuel comporte 6 chapitres, pleins de conseils et d'astuces pour réussir tous les modèles :

1. Quelle est la taille de ma poupée?

2. Faciles, les points de base...

3. Un échantillon, pour quoi faire?

4. Prête pour tricoter les modèles?

5. Je couds le vêtement tricoté.

6. Et si je transformais un modèle?

Quelle est la taille de ma poupée?

Les deux types de poupées les plus courants aujourd'hui sont les poupées au corps rigide avec des membres articulés et les poupées au corps souple en tissu. Les poupées souples présentent souvent un buste un peu plus large que les poupées rigides, elles sont cependant plus faciles à habiller de par leur souplesse. Par ailleurs, la tête des poupées est en général assez grosse.

Pour tenir compte de ces éléments lors de la confection d'un vêtement, il est conseillé de toujours prévoir :
- des ouvertures larges au col des vêtements qui s'enfilent par la tête.
- des vêtements ouverts type veste plutôt que pull, pour les poupées au corps rigide.

Ce livre comporte 4 séries de modèles de vêtements. Ces modèles sont regroupés par taille, correspondant à des poupées de :

32 cm - 42 cm - 50 cm - 54 cm.

Afin de sélectionner le bon modèle, il est conseillé de connaître les mesures de la poupée à qui est destiné le vêtement.
Pour avoir une idée de la taille de ta poupée, tu peux prendre ses mesures et les noter comme indiqué ci-dessous :

1. hauteur totale = ______________ cm
2. tour de taille = ______________ cm
3. hauteur buste = ______________ cm
4. longueur jambe = ______________ cm

Ces indications permettent de choisir le modèle adapté à la taille de la poupée ou bien d'en modifier un pour le personnaliser.

1
3
2
4

Devinette

Quelles sont les plantes qui procurent des fibres végétales qui peuvent se tricoter?

RÉPONSE :
le coton, le lin, l'alfa, le chanvre, le jute, le sisal.

Faciles,
les points de base...

MONTER LES MAILLES

C'est par là que commence le tricot. Il existe de nombreuses manières de monter des mailles.
En voici une qui a le mérite d'être simple.

Faire une boucle autour de l'aiguille de gauche.

Passer l'aiguille droite dans cette boucle.

Passer le fil autour de l'aiguille droite.

Ramener ce fil vers soi.

Passer la boucle ainsi formée sur l'aiguille de gauche.

L'opération se répète autant de fois qu'il y a de mailles à monter.

ARRETER LES MAILLES

Et c'est par là que se termine le tricot ! Sans cette opération, l'ouvrage se détricoterait.

La méthode la plus simple consiste à faire passer la maille à arrêter par-dessus la suivante qui vient d'être tricotée. Ceci avec **un fil très souple et sans tirer.**

Illustration : Tricoter 2 mailles, passer la pointe de l'aiguille gauche dans la 1ère maille tricotée et la faire passer par-dessus la 2ème maille. Tricoter une nouvelle maille et passer la précédente par-dessus celle-ci, recommencer autant de fois qu'il y a de mailles à arrêter.

Lorsqu'il ne reste plus qu'une maille sur l'aiguille, couper le brin de laine à 20 cm de l'aiguille, le passer sur l'aiguille devant la dernière maille et passer celle-ci par-dessus. Tirer le brin de laine. C'est fini ! (Le brin de laine servira à assembler les morceaux : chapitre 5).

MAILLE ENDROIT

Le fil est **derrière** l'aiguille droite. L'aiguille droite passe dans la maille de gauche. Avec l'index de la main droite, passer le fil sous l'aiguille droite, ressortir l'aiguille droite en ramenant la boucle formée et laisser tomber la maille de l'aiguille gauche.

MAILLE ENVERS

Le fil est **devant** l'aiguille droite. L'aiguille droite passe dans la maille de gauche. Avec l'index de la main droite, passer le fil en l'enroulant autour de l'aiguille droite. Ressortir l'aiguille en ramenant la boucle formée. Laisser tomber la maille tricotée de l'aiguille gauche.

A l'aide de ces deux mailles : endroit et envers, nous allons former le point jersey, le point mousse et le point de côtes. Tous les tricots présentés dans ce livre sont réalisés avec ces trois points.

POINT JERSEY

Tricoter toutes les mailles du 1er rang avec des mailles endroit et toutes les mailles du 2ème rang avec des mailles envers. Le point jersey est donc une succession de rangs endroit et de rangs envers.

POINT MOUSSE

Tricoter toutes les mailles de tous les rangs avec des mailles endroit. Le point mousse est donc une succession de rangs endroit.

Dans tous nos modèles :
1 rang mousse = 2 rangs endroit

POINT DE COTES

Le point de côtes est un point élastique, souvent utilisé pour les bordures de manches, les encolures, le bas des tricots. Tricoter une maille à l'endroit, puis une maille à l'envers, et ainsi de suite sur tout le rang. Au rang suivant, même chose, en tricotant bien la maille endroit sur la maille endroit du rang précédent et la maille envers sur la maille envers du rang précédent.

FIL REPERE

Le fil repère est un petit "truc" qui permet de s'y retrouver facilement dans le comptage des rangs.
Il s'agit d'un brin de laine de couleur différente que l'on insère entre deux mailles en tricotant et à partir duquel on peut compter un nombre de rangs.

Exemple : pour tricoter 10 rangs à partir des augmentations d'une emmanchure, il sera plus facile de les compter à partir du repère qu'à partir du bas du tricot. Ou encore, pour augmenter une maille tous les 4 rangs, c'est plus simple et plus rapide si le fil repère est passé à chaque augmentation.

Fil repère vertical passé une fois sur le rang.

Fil repère horizontal passé deux fois sur le rang.

QUELQUES DEFINITIONS

Pour bien comprendre les explications (classées par ordre alphabétique) :

Arrêter	Fermer les mailles pour qu'elles ne se détricotent pas.
Assembler	Coudre les morceaux et fixer les accessoires s'il y en a (boutons, rubans, pressions.)
Augmentation	Ajout d'une maille supplémentaire sur un rang.
Boutonnière	Trou pour laisser passer un bouton. Se fait en arrêtant des mailles sur un rang et en les remontant sur le rang suivant.
Changer de laine	Consiste à raccorder deux brins de laine, soit pour changer de couleur, soit pour commencer une nouvelle pelote. Au point de jonction souhaité, tricoter une maille avec deux brins de laine (l'ancien et le nouveau) et continuer le rang avec le nouveau brin.
Diminution	Suppression d'une maille sur un rang.
Emmanchures	Bord du tricot autour des bras.
Encolure	Bord du tricot autour du cou. Ne pas confondre avec le col qui est un morceau tricoté.
Enjambure	Bord du tricot autour des jambes.
Élastique	Fil élastique fin que l'on passe avec une grosse aiguille sur l'envers de l'ouvrage et que l'on ferme par un simple nœud.
Monter les mailles	Faire des mailles de base. Le rang de montage n'est pas compté comme le 1er rang.
Rang	Toutes les mailles réunies sur la même aiguille.
Relever	Reprendre des mailles en attente ou monter de nouvelles mailles à partir de la lisière d'un morceau déjà tricoté. S'utilise pour faire un col ou des bordures de vêtement.

Devinette

RÉPONSE : par les égyptiens. Les plus anciennes découvertes sont des socquettes rouges datant de 4 000 ans avant notre ère. Peut-être que demain, découvrira-t-on des objets tricotés encore plus anciens !

Un échantillon, pour quoi faire ?

Chaque tricoteuse tient sa laine et serre les mailles à sa façon. Avec des aiguilles identiques et une laine de même grosseur, deux personnes différentes n'obtiendront pas le même résultat en centimètres.

Exemple : *Ces deux jambes de pantalon ont le même nombre de mailles et le même nombre de rangs.*
Elles sont cependant de dimensions différentes car ce sont deux tricoteuses différentes qui les ont réalisées. L'une tricote lâche et l'autre tricote serré. D'où l'importance de l'échantillon !
Avant de te lancer dans la réalisation d'un vêtement, il est important de déterminer ta manière de tricoter : large, serré, ... Pour cela, il faut réaliser un échantillon. Tu gagneras du temps et éviteras de détricoter si tu t'aperçois trop tard que le morceau tricoté ne correspond pas au modèle.

Voici comment réaliser un échantillon :

- Monter 30 mailles sur une aiguille.
- Tricoter 30 rangs en jersey tout droit.
- Une fois le morceau tricoté, enlever les aiguilles et le poser bien à plat, sans tirer (l'idéal c'est de l'épingler sur la table à repasser).
  Avec une règle graduée ou un mètre de couturière, compter combien il y a de mailles et de rangs dans un carré de 10 cm de largeur et 10 cm de hauteur, délimité par des petites épingles.

Note ici les résultats que tu obtiens :

Ton échantillon mesure :	L'échantillon utilisé sur les modèles du livre mesure :
10 cm = ----- mailles ----- rangs	10 cm = 22 mailles 30 rangs

Si tu obtiens un nombre de mailles **supérieur à 22**, c'est que tu tricotes plus serré et tu peux alors utiliser des aiguilles plus grosses.

Si tu obtiens un nombre de mailles **inférieur à 22**, c'est que tu tricotes plus large ou plus lâche et tu peux donc utiliser des aiguilles plus fines.

Pour le point mousse, le résultat est un peu différent. Il faut moins de mailles et plus de rangs. Dans notre exemple 10 cm = 19 mailles et 18 rangs ou 36 allers-retours. (Un rang mousse = 2 rangs endroit)

N'hésite pas à recommencer ton échantillon avec une laine ou des aiguilles différentes pour être sûre de toi.

Tous les modèles présentés dans ce livre ont été réalisés avec une laine de grosseur moyenne et des aiguilles n° 3,5.

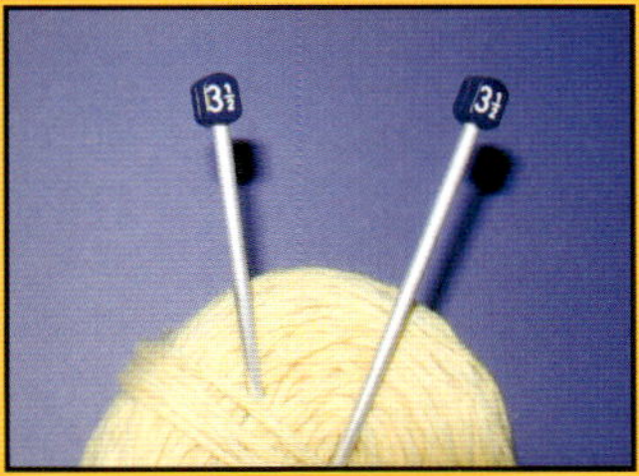

Quelle laine peux-tu utiliser ?

- Toutes les laines de toutes les marques qui se tricotent avec des aiguilles n° 3,5.

Si tu veux utiliser une laine de grosseur différente avec des aiguilles plus fines ou plus grosses, tu peux quand même réaliser les modèles proposés en les adaptant aux mesures de ton échantillon. Voici comment procéder.

Prenons l'exemple d'un échantillon pour lequel nous avons compté **15 mailles pour 10 cm de large.** Pour obtenir 16 cm de large, il faut lire la case à l'intersection de la colonne 16 (cm) et de la ligne 15 (mailles) : 24 mailles.

Centimètres	10	11	12	13	14	15	16	17	18	19	20
	1	1	1	1	1	2	2	2	2	2	2
	2	2	2	3	3	3	3	3	4	4	4
	3	3	4	4	4	4	5	5	5	6	6
	4	4	5	5	4	4	4	4	4	4	4
	5	5	6	6	7	7	8	8	9	9	10
	6	7	7	8	8	9	10	10	11	11	6
	7	8	8	9	10	10	11	12	13	13	14
	8	9	10	10	11	12	13	14	14	15	16
	9	10	11	12	13	13	14	15	16	17	18
Nombre de mailles	10	11	12	13	14	15	16	17	18	19	20
	11	12	13	14	15	16	18	19	20	21	22
	12	13	14	16	17	18	19	20	22	23	24
	13	14	16	17	18	19	21	22	23	25	26
	14	15	17	18	20	21	22	24	25	27	28
	15	16	18	19	21	22	**24**	25	27	28	30
	16	17	19	21	22	24	26	27	29	30	32
	17	19	20	22	24	25	27	29	31	32	34
	18	20	22	23	25	27	29	31	32	34	36
	19	21	23	25	27	28	30	32	34	36	38
	20	22	24	26	28	30	32	34	36	38	40

Il existe des tableaux de conversion de cm en mailles ou en rangs que tu peux trouver chez les marchands de laine et parfois dans les merceries.

Prête pour tricoter les modèles?

Un dernier conseil avant de te lancer :

Lorsque le modèle est choisi, prend le temps de lire toute l'explication. En effet, bien comprendre le déroulement des étapes, c'est 99 % de réussite assurée.

Les modèles présentés dans ce manuel sont tous réalisables par des **débutantes.**

Ce sont des modèles faciles basés sur la notion de "**rectangle**". A cette forme de base, nous y avons ajouté des augmentations et des diminutions qui donnent la forme finale au vêtement. Il n'y a pas de difficulté technique majeure. Tout est expliqué du début à la fin.

Pour chaque modèle présenté, tu trouveras :

Sur la page de gauche	Sur la page de droite
Les informations générales sur le modèle : quantité de laine utilisée (il faut savoir qu'une pelote de laine pèse environ 50 gr), les points employés, les accessoires (boutons, pressions, ruban…)	**L'idée de Filotin** te portera conseil. elle te permettra de trouver des astuces, créer des accessoires supplémentaires…
Eléments sur les 2 pages	
La **photo** du vêtement, le **croquis** du patron, les **explications détaillées** pour tricoter chaque pièce du vêtement. Pour te permettre de suivre les **étapes**, tu trouveras devant chacune d'elles un cercle blanc. Au fur et à mesure que tu avances, colorie ce cercle, ce qui veut dire que tu as terminé l'étape. Comme ceci : ○ **Pas encore fait** ● **Fait**	

Une fois toutes les pièces du vêtement tricotées, il faudra les assembler. Le chapitre 5 de l'ouvrage te fournira toutes les explications en photos pour réaliser le montage et la couture des différentes parties d'un vêtement.

Modèles pour poupées de 32 cm

Ensemble jaune ou bleu

PULL

1. dos

❍ Monter 22 mailles. Tricoter 4 rangs de côtes et 12 rangs jersey.

❍ Augmenter 10 mailles de chaque côté en passant un fil repère au 1er rang des augmentations. Tricoter 16 rangs à partir de ce fil repère.

❍ Arrêter toutes les mailles.

2. devant

Identique au dos.

3. montage

❍ Poser les 2 pièces l'une sur l'autre, endroit contre endroit, épingler et faire les coutures de côté et de dessous de bras.

❍ Épingler les épaules sur 5 cm et coudre.

❍ Coudre deux perles "bouton".

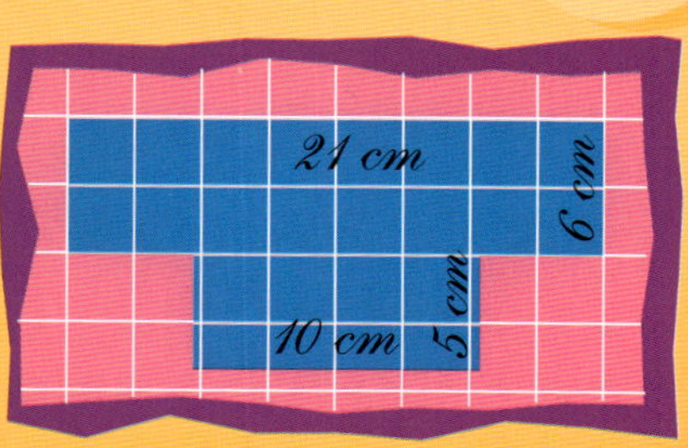

Il me faut:

- *20 gr de laine pour le pull, autant pour le pantalon*
- *2 perles*
- *1 morceau d'élastique fin*
- *2 aiguilles 3,5*

1 rang mousse = 2 rangs endroit

PANTACOURT

1. jambe droite

❍ Monter 26 mailles. Tricoter 2 rangs mousse et 20 rangs jersey.

❍ Au 21ème rang jersey, diminuer 1 fois 2 mailles et 1 fois 1 maille de chaque côté, en passant un fil repère lors de la dernière diminution. Il reste 20 mailles.

❍ Tricoter 12 rangs jersey à partir du fil repère et 4 rangs de côtes.

❍ Arrêter toutes les mailles.

2. jambe gauche

Identique à la jambe droite.

3. montage

Voir la leçon de montage en photos Chapitre 5.

Idée de Filotin:

"Tu peux ajouter 2 petites poches sur les jambes du pantalon avec une laine d'une autre couleur, comme sur la photo (1 poche = 8 mailles sur 8 rangs)."

Il me faut:

- *40 gr de laine pour la robe*
- *10 gr de laine pour le chapeau*
- *30 cm de ruban et 2 perles pour la robe, une petite plume pour le chapeau*
- *2 aiguilles 3,5*

Robe longue et chapeau

ROBE

1. dos

❍ Monter 42 mailles, tricoter 1 rang mousse et 42 rangs jersey.

❍ Au 43ème rang, tricoter les mailles 2 par 2. Il reste 21 mailles. Tricoter 10 rangs jersey à partir de ces diminutions.

❍ Au 11ème rang, augmenter 6 mailles de chaque côté et tricoter 16 rangs. Arrêter toutes les mailles.

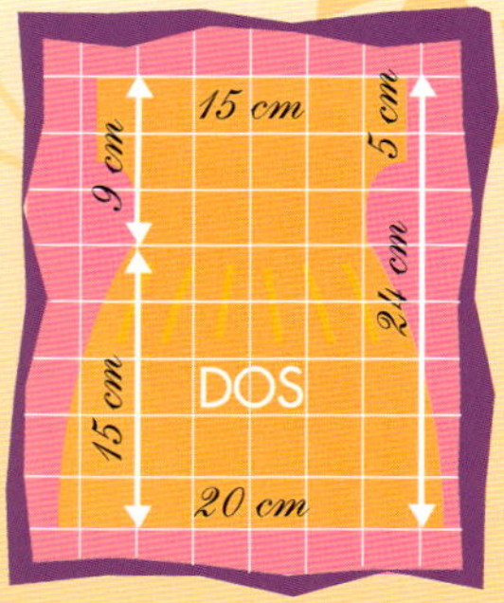

2. devant

❍ Monter 42 mailles, tricoter 1 rang mousse et 42 rangs jersey.

❍ Au 43ème rang, tricoter les mailles 2 par 2. Il reste 21 mailles.

❍ Continuer sur la moitié des mailles. Tricoter 10 rangs jersey.

❍ Au 11ème rang, augmenter 6 mailles côté extérieur et tricoter 12 rangs puis diminuer 4 mailles pour l'encolure (côté opposé aux augmentations).

❍ Tricoter encore 4 rangs et arrêter toutes les mailles.

❍ Reprendre les mailles laissées en attente et tricoter la 2ème partie du devant comme ci-dessus.

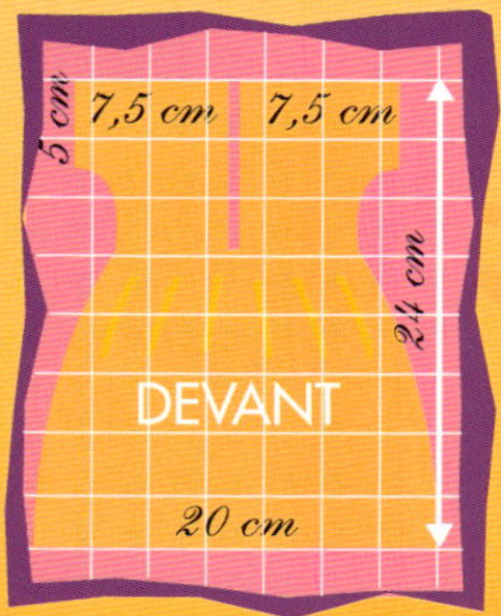

1 rang mousse = 2 rangs endroit

3. montage

❍ Poser les deux pièces l'une sur l'autre, endroit contre endroit, épingler les épaules, les côtés, les dessous de bras et coudre.

❍ Relever les mailles sur l'ouverture du devant droit et tricoter 2 rangs mousse. Faire la même chose sur le devant gauche. Coudre les deux perles boutons sur l'une des lisières. Le ruban de la ceinture n'est pas cousu au vêtement, il est noué par-dessus la robe.

CHAPEAU

❍ Monter 32 mailles et tricoter 16 rangs jersey.

❍ Diminuer 5 fois 2 mailles à chaque début de rang. Il reste 12 mailles. Arrêter toutes les mailles.

❍ Tricoter un 2ème morceau semblable.

❍ Poser les deux pièces l'une sur l'autre, endroit contre endroit, épingler et coudre.
Fixer la plume avec un petit point au fil à coudre.

Idée de Filotin:

"Sais-tu où trouver une petite plume? Regarde sur le plumeau de la maison ou bien en te promenant dans la campagne ou au jardin zoologique."

Polo blanc et salopette

Il me faut :

- *20 gr de laine pour le polo*
- *30 gr de laine pour la salopette*
- *2 perles pour les bretelles*
- *bouton pression pour le polo*
- *2 aiguilles 3,5*

POLO BLANC

1. dos

❍ Monter 26 mailles, tricoter 4 rangs de côtes et 22 rangs jersey. Arrêter toutes les mailles.

2. devant

❍ Monter 26 mailles, tricoter 4 rangs de côtes et 22 rangs jersey.

❍ Au 23ème rang, arrêter 18 mailles et continuer sur les mailles restantes pendant 6 rangs de côtes pour la patte de boutonnage. Arrêter toutes les mailles.

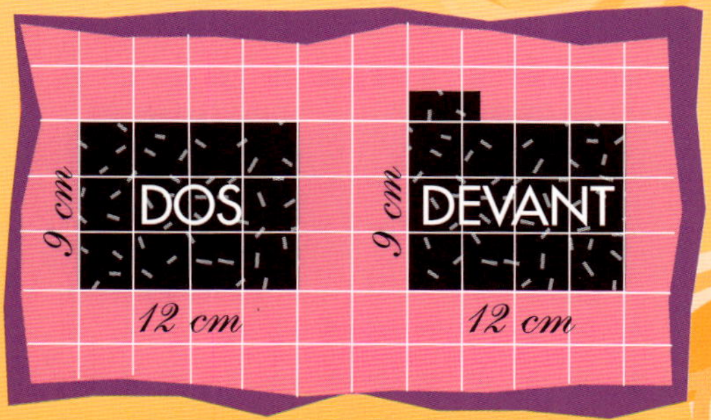

1 rang mousse = 2 rangs endroit

3. montage

- Poser les deux pièces l'une sur l'autre, endroit contre endroit, épingler l'épaule opposée à la patte de boutonnage sur 3 cm et les côtés sur 4 cm à partir du bas. Faire les coutures.
- Coudre le bouton pression de la patte de boutonnage.

SALOPETTE

1. jambe droite

- Monter 26 mailles. Tricoter 2 rangs mousse et 20 rangs jersey.
- Au 21ème rang jersey, diminuer 1 fois 2 mailles et 1 fois 1 maille de chaque côté, en passant un fil repère lors de la dernière diminution.
- Tricoter 12 rangs jersey à partir du fil repère et 4 rangs de côtes. Arrêter toutes les mailles.

2. jambe gauche

Identique à la jambe droite.

3. montage

Voir la leçon de montage du pantalon en photos Chapitre 5.

- Pour la bavette, relever 12 mailles sur le milieu devant et tricoter 10 rangs jersey. Arrêter ces mailles.
- Pour les bretelles, monter 4 mailles, tricoter 12 cm au point de côtes. Arrêter les mailles.

Coudre les bretelles au dos de la salopette et deux petites perles (qui viendront se boutonner sur la bavette).

Idée de Filotin:

"Tu peux ajouter une petite note de fantaisie au polo en brodant autour des ouvertures de bras avec un brin de laine de la même couleur que la salopette."

Mini robe manches chauve-souris

Il me faut :

- *30 gr de laine*
- *2 boutons pression*
- *15 cm de ruban blanc*
- *2 aiguilles 3,5*

I. dos

❍ Monter 30 mailles et tricoter 16 rangs côtes.

❍ Continuer en jersey pendant 16 rangs en augmentant une maille au début de chaque rang. On obtient 46 mailles.

1 rang mousse = 2 rangs endroit

❍ Après les augmentations, tricoter 12 rangs tout droit en jersey. Arrêter toutes les mailles.

2. devant

Se tricote comme le dos.

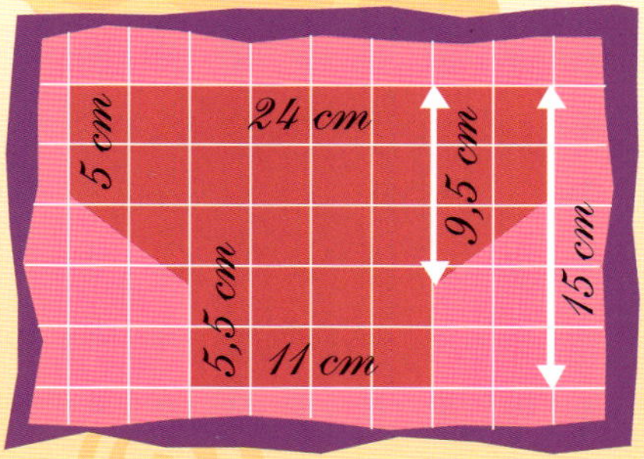

3. montage

❍ Poser les deux pièces l'une sur l'autre, endroit contre endroit, épingler les épaules sur 6 cm et les coudre.

❍ Relever les mailles au bas de chaque manche et tricoter 4 rangs de côtes. Arrêter toutes les mailles.

❍ Epingler et coudre les côtés de la robe et les dessous de bras.

❍ Coudre deux petits boutons pression à 2 cm de la fin des coutures d'épaules.

❍ Coudre le ruban en forme de petit nœud et le fixer à points invisibles sur le milieu devant de la robe.

Idée de Filotin:

"Tu n'as pas de nœud en ruban? Ce n'est pas grave, une grosse perle, un bouton fantaisie ou une petite broche feront très bien l'affaire."

Tailleur jupe et veste

Il me faut:

- *20 gr de laine pour la jupe*
- *30 gr de laine pour la veste*
- *2 petites perles*
- *1 fil élastique fin*
- *2 aiguilles 3,5*

VESTE

1. dos

❍ Monter 24 mailles et tricoter 4 rangs de côtes et 22 rangs jersey.

❍ Arrêter toutes les mailles.

2. devants

❍ Monter 14 mailles et tricoter 4 rangs de côtes et 18 rangs jersey.

❍ Au 19ème rang, rabattre 5 mailles pour l'encolure et continuer tout droit en jersey 4 rangs. Au 23ème rang, arrêter toutes les mailles.

❍ Tricoter le 2ème devant semblable en faisant les diminutions de l'encolure du côté opposé (c'est-à-dire au 18ème rang).

3. manches

❍ Monter 20 mailles et tricoter 4 rangs de côtes.

1 rang mousse = 2 rangs endroit

- Continuer 18 rangs en jersey en augmentant une maille de chaque côté tous les 6 rangs et en passant le fil repère à la 1ère augmentation de chaque série. Au 19ème rang, arrêter toutes les mailles.

- Tricoter la 2ème manche semblable.

4. montage

- Epingler le dos et les devants endroit contre endroit et coudre les épaules.

- Relever les mailles sur chaque devant et tricoter 1 rang mousse (= 2 rangs endroit). Arrêter toutes les mailles.

- Relever les mailles autour de l'encolure et tricoter 10 rangs mousse pour le col. Arrêter toutes les mailles.

- Continuer le montage de la veste en suivant les étapes en photos du Chapitre 5.

Tourne la page pour savoir comment tricoter la jupe.

Idée de Filotin:

"Les boutonnières se font à droite pour les filles et à gauche pour les garçons. Et oui, j'en sais des choses hein! "

Tailleur (suite)

JUPE

1. dos et devant

❍ Monter 38 mailles avec la laine jaune et tricoter 2 rangs mousse (= 4 rangs endroit) et 12 rangs jersey.

❍ Avec la laine bleue, continuer 10 rangs en jersey : au 1er rang bleu, répartir des diminutions en tricotant "2 mailles ensemble puis une maille normale", répéter cette séquence entre guillemets sur tout le rang. Il reste 25 mailles.

❍ Reprendre la laine jaune et tricoter 6 rangs jersey : au 1er rang jaune, répartir des diminutions en tricotant "2 mailles ensemble puis une maille normale", répéter cette séquence entre guillemets sur tout le rang. Il reste 17 mailles.

❍ Tricoter 4 rangs de côtes toujours en jaune. Au 5ème rang, arrêter toutes les mailles.

❍ Tricoter le devant semblable.

2. montage

❍ Poser les deux pièces l'une sur l'autre, endroit contre endroit, épingler et coudre les côtés.

❍ Passer le fil élastique de la taille sur l'envers à travers les rangs de côtes et le nouer.

Modèles pour poupées de 42 cm

Veste boutonnée

Il me faut :

- 30 gr de laine
- 3 boutons
- 2 aiguilles 3,5

1. dos

- Monter 34 mailles et tricoter 4 rangs de côtes.
- Continuer tout droit en jersey pendant 40 rangs.
- Arrêter toutes les mailles.

2. devants

- Monter 17 mailles et tricoter 4 rangs de côtes.
- Continuer en jersey pendant 30 rangs.
- Au 31ème rang, arrêter 7 mailles pour l'encolure. Il reste 10 mailles.
- Continuer tout droit pendant 10 rangs.
- Arrêter toutes les mailles.
- Tricoter le 2ème devant de la même façon en inversant le côté d'arrêt des mailles (au 30ème rang).

3. manches

- Monter 30 mailles et tricoter 4 rangs de côtes.
- Continuer en jersey pendant 18 rangs.
- Arrêter toutes les mailles.

1 rang mousse = 2 rangs endroit

4. montage

Suivre la leçon de montage en photos Chapitre 5.

❍ Pattes de boutonnage : relever 27 mailles sur chaque devant et tricoter au point mousse.

❍ Pour les boutonnières, sur l'une des 2 pattes : tricoter le 1er rang normalement.

Au 2ème rang :
- tricoter 4 mailles,
- arrêter 1 maille,
- tricoter 8 mailles,
- arrêter 1 maille,
- tricoter 8 mailles,
- arrêter 1 maille,
- tricoter 4 mailles.

En tricotant le 3e rang :
- remonter 1 maille aux trois endroits où tu en as arrêté une.

Tricoter le 4e rang normalement et arrêter toutes les mailles au 5e rang.

Coudre les petits boutons sur la patte de boutonnage opposée.

Idée de Filotin:

"Coucou ! si tu mets des tout petits boutons, tu n'as pas besoin de faire des boutonnières, tu boutonnes entre les mailles. Malin Filotin !"

Débardeur

Il me faut :

- *20 gr de laine*
- *1 bouton pression*
- *2 aiguilles 3,5*

1. dos

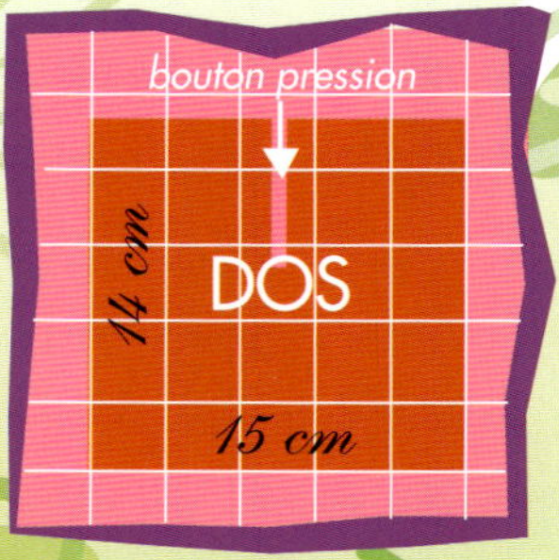

❍ Monter 30 mailles et tricoter 4 rangs de côtes.

❍ Continuer en jersey 18 rangs.

❍ Partager le travail en deux parties : laisser en attente 15 mailles et continuer à tricoter sur les 15 autres mailles, pendant 18 rangs.

❍ Arrêter toutes les mailles.

❍ Reprendre les 15 mailles en attente et tricoter 18 rangs.

2. devant

❍ Monter 30 mailles et tricoter 4 rangs de côtes.

❍ Continuer en jersey 36 rangs.

❍ Arrêter toutes les mailles.

1 rang mousse = 2 rangs endroit

3. montage

- Relever les mailles de la fente du dos et tricoter 1 rang mousse de chaque côté.
- Epingler les côtés et coudre sur une longueur de 7 cm à partir du bas, pour laisser l'ouverture pour les bras.
- Epingler les épaules et coudre sur 4 cm.
- Coudre un bouton pression en haut de l'ouverture du dos.

Idée de Filotin:

"As-tu déjà brodé sur la laine? Le résultat est plutôt joli et tous les points de broderie sont possibles. A toi de jouer!"

Polo boutonné épaules

Il me faut:

- 30 gr de laine
- 2 gros boutons
- 2 aiguilles 3,5

1. dos

❍ Monter 32 mailles et tricoter 3 rangs mousse et 18 rangs jersey.

❍ Augmenter 5 mailles de chaque côté pour les manches et continuer en point mousse pendant 12 rangs.

❍ Au 13ème rang mousse, faire les boutonnières : tricoter 8 mailles, arrêter 2 mailles, tricoter 22 mailles, arrêter 2 mailles, finir le rang (soit 2 boutonnières).

❍ Au rang suivant, remonter les mailles arrêtées et tricoter jusqu'à avoir 15 rangs point mousse au total.

❍ Arrêter toutes les mailles.

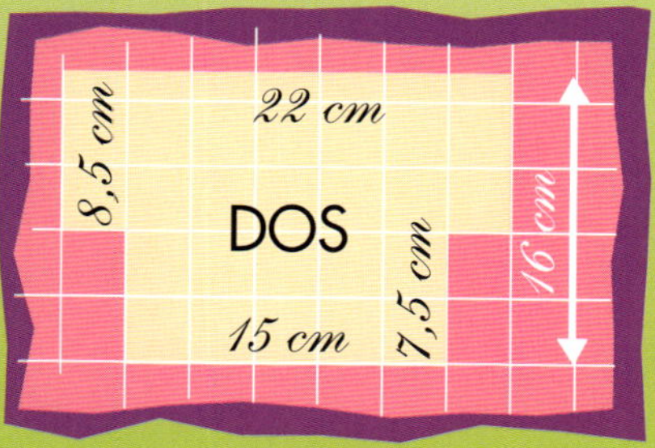

1 rang mousse = 2 rangs endroit

2. devant

❍ Monter 32 mailles et tricoter 3 rangs mousse et 18 rangs jersey.

❍ Augmenter 5 mailles de chaque côté pour les manches et continuer en point mousse pendant 12 rangs.

❍ Au 13ème rang mousse, faire l'encolure : tricoter 15 mailles, arrêter 12 mailles et continuer sur les 15 mailles restantes pendant 2 rangs mousse. Arrêter ces 15 mailles.

❍ Reprendre les 15 mailles laissées en attente et tricoter 2 rangs mousse. Arrêter les mailles.

3. montage

❍ Poser le dos sur le devant endroit contre endroit, épingler les côtés et dessous de bras et coudre.

❍ Retourner le polo à l'endroit et coudre les épaules sur 1 cm sur le bord extérieur en faisant chevaucher le dos sur le devant.

❍ Coudre les boutons sur le devant en faisant correspondre avec les ouvertures des boutonnières.

Idée de Filotin:

"Il ne reste plus qu'à ajouter des petits chaussons (modèle page 57) et voilà ton poupon prêt pour une ballade avec toi."

Blaser bleu ciel

Il me faut :

- *30 gr de laine*
- *1 gros bouton*
- *2 aiguilles 3,5*

1. dos

- Monter 32 mailles, tricoter 2 rangs mousse et 30 rangs jersey.
- Arrêter toutes les mailles.

2. devants

IMPORTANT :

Les bandes de boutonnage de la veste se tricotent au point mousse en même temps que le devant.
Donc sur l'envers, les 4 mailles de fin de rang se tricotent à l'endroit.

- Monter 16 mailles et tricoter 2 rangs mousse.
- Continuer en jersey 8 rangs :
  - En augmentant 1 maille à chaque début de rang endroit.
  - En tricotant les 4 mailles du bord, côté augmentations, au point mousse.
- Tricoter 8 rangs droit en faisant une boutonnière au 3ème rang comme ceci : tricoter 2 mailles, arrêter 2 mailles et continuer le rang comme il vient. Au retour (rang envers) remonter 2 mailles au-dessus de celles qui ont été arrêtées au rang précédent.

- Tricoter 8 rangs en diminuant une maille côté boutonnage 4 fois.

1 rang mousse = 2 rangs endroit

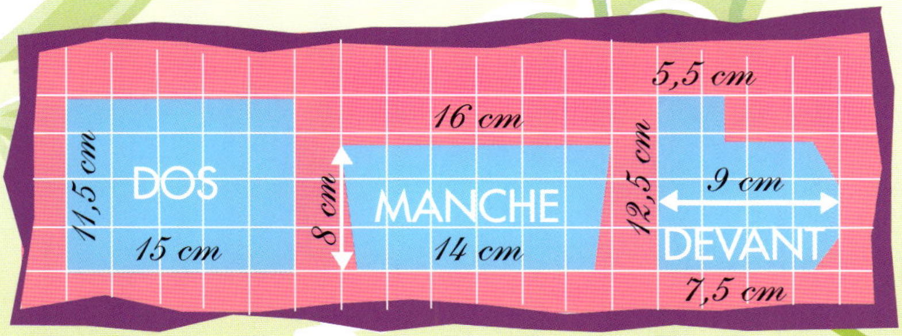

- Au 25ème rang de jersey à partir du bas, diminuer 4 mailles pour l'encolure, continuer droit 5 rangs et arrêter toutes les mailles.
- Tricoter le devant gauche de la même façon en inversant le côté des augmentations et diminutions. Ne pas faire de boutonnière.

3. manches

- Monter 28 mailles. Tricoter 2 rangs mousse et 18 rangs jersey en augmentant 1 maille de chaque côté tous les 6 rangs. Arrêter toutes les mailles.

4. montage

- Poser le dos et les devants endroit contre endroit, épingler et coudre les épaules.
- Relever les mailles autour de l'encolure et tricoter 12 rangs mousse. Arrêter toutes les mailles avec un fil très souple.
- Continuer le montage de la veste en suivant les étapes en photos du Chapitre 5.

Idée de Filotin:

"Es-tu bien assise? Un dos bien droit, bien calé, empêche d'être tendue et le tricot restera un plaisir et un moment de détente bien agréable."

Débardeur à bretelles

1. dos

❍ Monter 30 mailles et tricoter en côtes 20 rangs.

❍ Arrêter toutes les mailles.

2. devant

❍ Monter 30 mailles et tricoter en côtes 26 rangs.

❍ Au 27ème rang, tricoter 6 mailles (qui vont rester en attente sur l'aiguille), arrêter 18 mailles, tricoter 6 mailles.

❍ Continuer cette bretelle de 6 mailles sur 26 rangs. Arrêter ces mailles.

❍ Reprendre les 6 mailles laissées en attente et tricoter la 2ème bretelle de la même façon. Arrêter ces mailles.

Il me faut:

- *20 gr de laine*
- *2 boutons pression*
- *2 aiguilles 3,5*

1 rang mousse = 2 rangs endroit

3. montage

- ATTENTION, le devant est plus haut que le dos. Aussi, épingler les côtés en commençant par le bas et coudre les 2 morceaux.
- Essayer le vêtement à la poupée pour positionner les boutons pression en croisant les bretelles dans le dos. Marquer avec une épingle l'emplacement des pressions.
- Coudre les boutons pression.

Idée de Filotin:

"C'est amusant le point de côtes, il n'y a pas d'envers, il n'y a pas d'endroit, les deux faces sont identiques."

Veste de printemps

La veste se commence par la manche et se tricote latéralement.

Il me faut:

- *30 gr de laine*
- *1 cordonnet de laine ou un ruban*
- *2 aiguilles 3,5*

1. dos

❍ Monter 16 mailles, tricoter 2 rangs en point mousse et continuer 10 rangs jersey en passant un fil repère au 1er rang.

❍ Au 11ème rang à partir du fil repère, augmenter 10 mailles d'un seul côté et tricoter 40 rangs jersey (corps de la veste), repasser le fil repère lors du rang des augmentations.

❍ Au 41ème rang à partir du fil repère n° 2, diminuer 10 mailles et tricoter 10 rangs jersey et 2 rangs mousse.

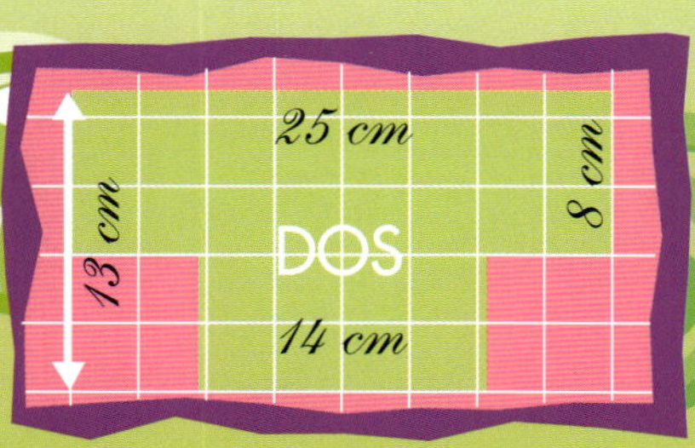

❍ Arrêter toutes les mailles.

2. devants

❍ Monter 16 mailles, tricoter 2 rangs en point mousse et continuer 10 rangs jersey en passant un fil repère au 1er rang.

❍ Au 11ème rang à partir du fil repère, augmenter 10 mailles d'un seul côté et tricoter 13 rangs jersey, (repasser le fil repère lors du rang des augmentations).

1 rang mousse = 2 rangs endroit

❍ Au 14ème rang à partir du fil repère n° 2, diminuer 8 mailles pour l'encolure. Continuer 6 rangs jersey et 2 rangs mousse. Arrêter toutes les mailles.

❍ Tricoter le 2ème devant semblable en inversant les côtés des augmentations (au 10ème rang) et diminutions (au 13ème rang)

3. montage

❍ Epingler le dos et les devants endroit contre endroit et coudre les épaules.

❍ Relever les mailles autour de l'encolure et tricoter 2 rangs mousse.

❍ Epingler les côtés et dessous de bras et coudre.

❍ Relever les mailles autour du bas de la veste et tricoter 2 rangs mousse.

❍ Passer le ruban ou le cordonnet de laine à travers les mailles du col.

Idée de Filotin:

"Psstt... pour ce modèle, si tu utilises un fil repère, ce sera bien plus facile! Tu ne te rappelles plus comment on fait? Va vite voir page 14".

Il me faut:

- *30 gr de laine vert clair*
- *30 gr de laine vert foncé*
- *Un peu de laine de chaque couleur pour l'écharpe*
- *1 élastique fin*
- *2 petits boutons*
- *2 aiguilles 3,5*

Jogging

PANTALON

1. jambe gauche

❍ Monter 34 mailles en vert clair et tricoter 4 rangs de côtes.

❍ Continuer en jersey avec la laine vert foncé. Passer un fil repère au 1er rang jersey et augmenter 1 maille de chaque côté tous les 8 rangs.

❍ Au 29ème rang jersey, diminuer une maille de chaque côté 5 fois. Il reste 30 mailles.

❍ Continuer tout droit 10 rangs jersey en passant un fil repère au 1er de ces 10 rangs, et terminer par 4 rangs de côtes.

❍ Arrêter toutes les mailles.

2.jambe droite

Se tricote comme la jambe gauche en inversant les couleurs.
Commencer le bas en vert foncé et continuer la jambe en vert clair.

1 rang mousse = 2 rangs endroit

1. Epingler chaque jambe et coudre

2. Tourner une jambe à l'endroit, la glisser dans la 2ème jambe (endroit contre endroit), épingler et coudre.

3. montage

❍ Voir les photos ci-dessus pour le montage du pantalon.

❍ Passer le fil élastique sur l'envers dans les mailles de côtes de la ceinture.

HAUT DE JOGGING

1. dos

❍ Monter 34 mailles en vert clair et tricoter 6 rangs de côtes. Continuer avec la laine vert foncé 30 rangs jersey.

❍ Arrêter toutes les mailles.

2. devants

❍ Monter 18 mailles en vert clair et tricoter 6 rangs de côtes. Continuer avec la laine vert foncé 24 rangs jersey.

❍ Au 25ème rang, arrêter 6 mailles pour l'encolure et tricoter 6 rangs jersey puis 4 rangs de côtes pour la patte de boutonnage. Arrêter ces dernières mailles.

❍ Tricoter le 2ème devant en inversant les couleurs et le côté des diminutions de l'encolure (au 26ème rang). Ne pas tricoter de patte de boutonnage.

Idée de Filotin:

"Si tu veux tricoter le même vêtement à l'une de tes poupées plus petites, choisis une laine et des aiguilles plus fines (n° 2,5 par exemple)."

Il me faut:

- *20 gr de laine vert clair*
- *20 gr de laine vert foncé*
- *2 perles*
- *1 morceau d'élastique fin*
- *2 aiguilles 3,5*

Jogging (suite)

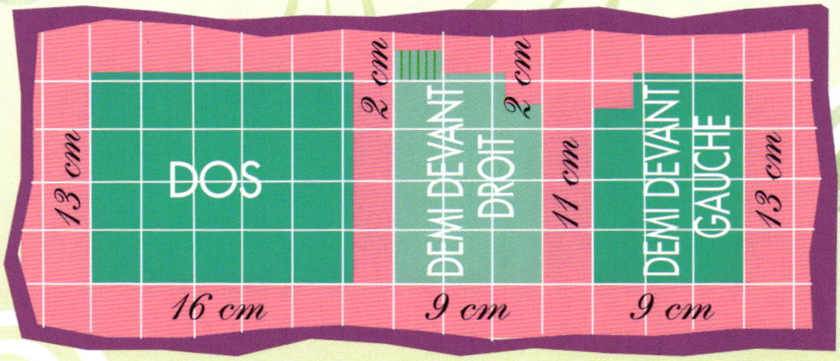

3. manches

❍ Monter 22 mailles en vert clair et tricoter 6 rangs de côtes. Continuer avec la laine vert foncé 20 rangs jersey en augmentant une maille tous les 6 rangs.

Passer un fil repère lors des augmentations. Arrêter toutes les mailles.

❍ Tricoter la 2ème manche de la même façon en inversant les couleurs.

4. montage

❍ Epingler et coudre dans cet ordre :

- les deux devants,
- l'épaule qui n'a pas de patte de boutonnage,
- les manches au corps (voir photos en haut de la page 51),
- les côtés et les dessous de manches,
- les petits boutons.

1 rang mousse = 2 rangs endroit

Photos du montage de haut de jogging

ECHARPE

- Monter 8 mailles et tricoter au point mousse d'abord 20 cm en vert foncé puis 20 cm en vert clair.
- Arrêter toutes les mailles.

CHAUSSONS

- Monter 16 mailles et tricoter 12 rangs au point mousse pour chaque chausson.
- Arrêter toutes les mailles.
- Pour la couture des chaussons, voir les explications en photos page 57.

Idée de Filotin:

"Et si tu ajoutais des petites poches de couleur différente ? (8 mailles et 10 rangs)"

Gilet à ruban

Il me faut:

- *25 gr de laine*
- *20 cm de ruban*
- *2 aiguilles 3,5*

1. dos

❍ Monter 34 mailles et tricoter 2 rangs de côtes et 40 rangs jersey.

❍ Arrêter toutes les mailles.

2. devant

❍ Monter 34 mailles et tricoter 2 rangs de côtes et 20 rangs jersey.

❍ Continuer sur la moitié des mailles (17 mailles) en diminuant une maille côté centre 7 fois. Il reste 10 mailles.

1 rang mousse = 2 rangs endroit

❍ Continuer 6 rangs tout droit. Arrêter toutes les mailles.

❍ Reprendre les 17 mailles laissées en attente et tricoter de la même façon la 2ème moitié. Arrêter toutes les mailles.

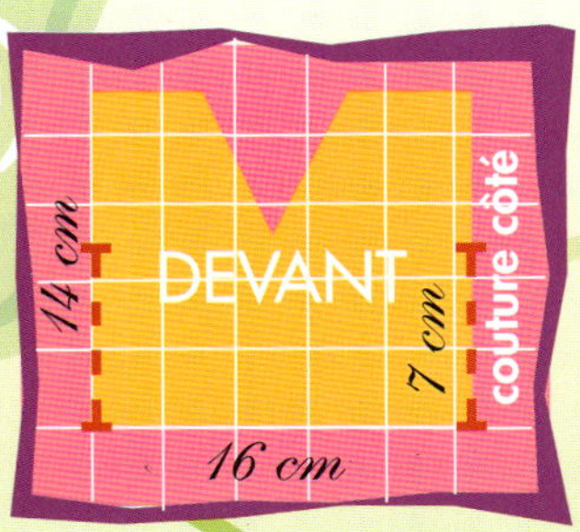

3. montage

❍ Poser les deux morceaux à plat, endroit contre endroit, épingler les épaules et coudre.

❍ Ouvrir l'ouvrage et relever les mailles, côté emmanchures, sur **7 cm de chaque côté** de la couture d'épau-

le.

❍ Tricoter 3 rangs de côtes.

❍ Plier l'ouvrage en deux, endroit contre endroit, épingler les côtés et coudre.

❍ Passer le ruban à travers les mailles tout autour de l'encolure.

Idée de Filotin:

"Pour les diminutions de l'encolure, tricote 2 mailles à la fois, la lisière sera beaucoup plus jolie. "

Les indispensables très faciles

Il me faut:

- *20 gr de bleu, 10 gr de blanc, 1 bouton pression pour la marinière*
- *10 gr de laine pour chaque paire de chaussons*

MARINIERE

1. dos

❍ Monter 32 mailles en bleu et tricoter 6 rangs côtes.

❍ Continuer en jersey 28 rangs en alternant 4 rangs bleu et 2 rangs blanc, soit au total 5 rayures bleues et 4 rayures blanches. Arrêter toutes les mailles.

2. devant

❍ Monter 32 mailles en bleu et tricoter 6 rangs côtes.

❍ Continuer en jersey 28 rangs en alternant 4 rangs bleu et 2 rangs blanc.

1 rang mousse = 2 rangs endroit

- Arrêter 22 mailles. Tricoter 6 rangs côtes sur les 10 mailles restantes.

3. montage

- Coudre l'épaule opposée à la patte de boutonnage sur 5 cm, puis le long de la patte de boutonnage. Voir photo ci-contre.
- Relever les mailles de chaque côté des emmanchures jusqu'à la 3ème rayure blanche. Tricoter 5 rangs en côtes. Arrêter toutes les mailles.
- Coudre les côtés.
- Coudre une pression sous la patte de boutonnage épaule.

Idée de Filotin:

"Un petit truc pour éviter de perdre ses mailles quand on s'arrête de tricoter: plante les pointes des aiguilles dans un bouchon en liège. Sûr et efficace! Les techniciennes du tricot appellent ça un affiquet."

Les indispensables (suite)

SHORT

1. dos

❍ Monter 32 mailles avec la laine bleue. Tricoter 6 rangs côtes et 10 rangs jersey.

❍ A partir du 11ème rang, diminuer de chaque côté
1 fois 6 mailles,
1 fois 4 mailles, 1 fois
2 mailles et 1 fois 1 maille. Il reste 6 mailles.

❍ Tricoter 4 rangs sur ces 6 mailles et les arrêter.

2. devant

Se tricote comme le dos.

3. montage

❍ Coudre l'entrejambe.

❍ Relever les mailles autour de chacune des enjambures et tricoter en blanc 5 rangs côtes.
Arrêter toutes les mailles.

❍ Coudre les côtés.

❍ Passer l'élastique avec une grosse aiguille à coudre à l'intérieur de la ceinture. Comme sur la photo ci-contre.

Il me faut:

- *20 gr de laine bleue et 10 gr de blanche*
- *1 élastique fin*
- *2 aiguilles 3,5*

1 rang mousse = 2 rangs endroit

CHAUSSONS

1.chaussons

- Monter 16 mailles et tricoter 12 rangs point mousse.
- Arrêter toutes les mailles.
- Tricoter un 2ème rectangle semblable.

2.montage

- Plier le rectangle en deux et faire les coutures comme indiqué sur la photo.

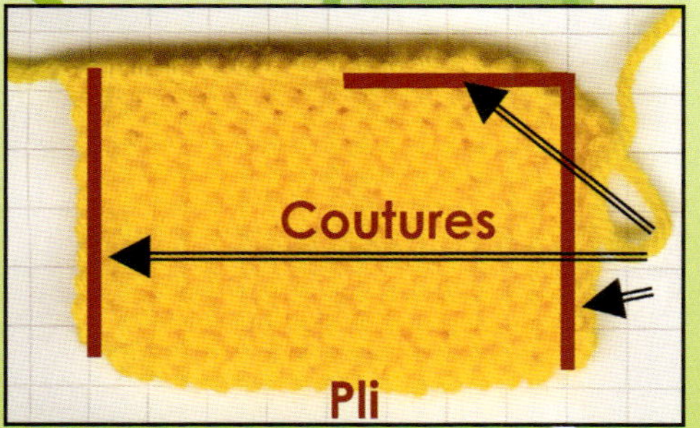

- Retourner le chausson à l'endroit.

Tu peux mettre des semelles à l'intérieur des chaussons. Pour cela, prend l'empreinte des 2 pieds en mettant la poupée debout sur une feuille de carton, dessine le contour des pieds et découpe suivant la ligne tracée.

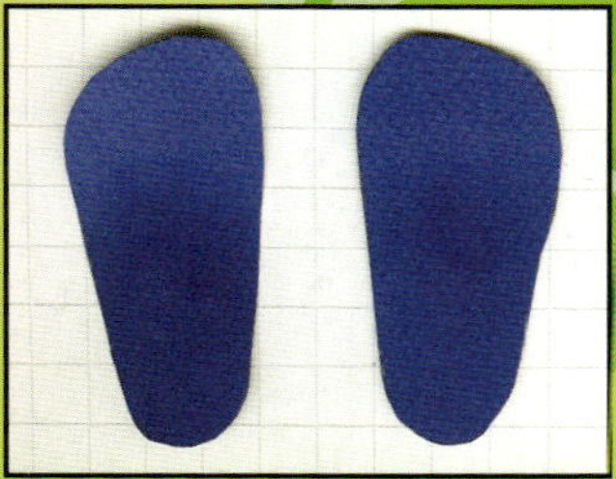

Idée de Filotin:

"C'est amusant les chaussons: une fois cousus, tu peux ajouter au choix: des perles, du ruban, des lacets, de l'élastique, des nœuds, de la dentelle, des motifs brodés, … Il suffit de regarder ce que tu as sous la main."

Devinette

Depuis quand connaît-on la laine mérinos en France?

RÉPONSE : c'est sous le règne du roi Louis XVI que fut acheté au roi d'Espagne le premier troupeau de moutons mérinos. Sa laine est réputée l'une des plus fines et des plus belles.

Modèles pour poupées de 50 cm

Pull raglan orange

Il me faut :

- 70 gr de laine
- 2 aiguilles 3,5

1. dos

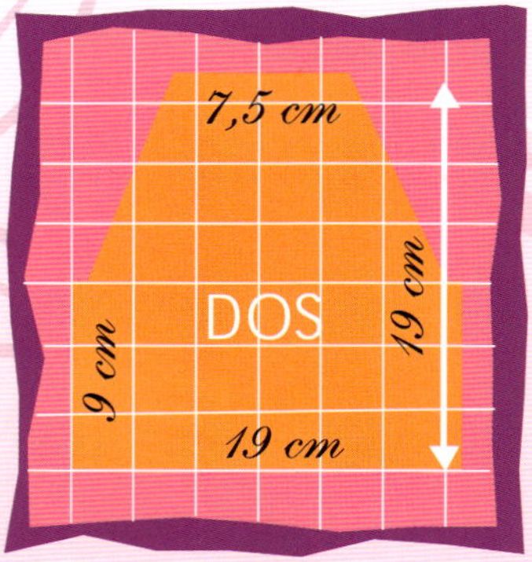

❍ Monter 44 mailles et tricoter 6 rangs de côtes.

❍ Continuer en jersey 22 rangs.

❍ Au 23ème rang, diminuer 1 fois 2 mailles et 13 fois 1 maille à chaque début de rang, en passant un fil repère à la première des diminutions. Au 27ème rang à partir du fil repère, arrêter les mailles restantes.

2. devant

❍ Monter 44 mailles et tricoter 6 rangs de côtes.

❍ Continuer en jersey 22 rangs.

❍ Au 23ème rang, continuer sur la moitié des mailles pour l'ouverture devant, en diminuant 1 fois 2 mailles puis 13 fois 1 maille du côté de l'emmanchure. Arrêter les mailles.

❍ Reprendre les mailles laissées en attente et tricoter la 2ème partie du devant de la même façon.

3. manches

❍ Monter 32 mailles et tricoter 4 rangs de côtes.

❍ Continuer en jersey en augmentant une maille de chaque côté tous les 6 rangs.

1 rang mousse = 2 rangs endroit

❍ Passer un fil repère au milieu du 1er rang jersey et lors de chaque augmentation (sur le rang endroit).

❍ Au 23ème rang à partir du 1er fil repère, diminuer 1 fois 2 mailles puis 13 fois 1 maille à chaque début de rang.

❍ Arrêter les mailles restantes.

4. montage

❍ Ouverture devant : relever les mailles de chaque côté de la fente et tricoter 3 rangs de côtes. Arrêter toutes les mailles au 4ème rang.

❍ Plier les manches en deux, endroit contre endroit, épingler et faire les coutures de dessous de bras. Epingler le corps du pull endroit contre endroit et faire les coutures de côté.

❍ Insérer les manches dans le pull endroit contre endroit, faire correspondre les coutures de dessous de bras et de côté, épingler et coudre les manches au corps.

❍ Col : relever les mailles autour de l'encolure et tricoter 3 rangs en côtes. Arrêter toutes les mailles et rentrer tous les fils.

Idée de Filotin :

"Pour reprendre des mailles laissées en attente, tricote les 2 premières mailles avec les deux brins de laine, tu verras, ça tient mieux."

Bonnet lutin rayé

Il me faut:

- *40 gr de laine orange*
- *10 gr de laine verte*
- *2 pompons*
- *2 aiguilles 3,5*

Le corps du bonnet est constitué de 4 rayures de couleur orange et 4 rayures de couleur verte, tricotées en jersey inversé: le 1er rang d'une nouvelle rayure se tricote comme le dernier rang de la rayure précédente.

EXEMPLE:

- **le 4ème rang de la rayure orange se tricote à l'envers, le 1er rang de la rayure verte se tricote aussi à l'envers.**
- **Le 4ème rang de la rayure verte se tricote à l'endroit, le 1er rang de la rayure orange suivante se tricote aussi à l'endroit.**

L'alternance endroit envers donne une impression de relief à l'ouvrage.

1. bonnet

❍ Monter 74 mailles avec la laine orange et tricoter 6 rangs en côtes.

1 rang mousse = 2 rangs endroit

❍ Tricoter les rayures en commençant par 4 rangs jersey orange. Au total, tricoter 4 rayures orange et 4 rayures vertes.

❍ Pour la pointe du bonnet, après les rayures, continuer en jersey orange en diminuant 1 maille à chaque début de rang jusqu'à ce qu'il n'y ait plus qu'une seule maille sur l'aiguille.

❍ Arrêter cette dernière maille.

2. montage

❍ Plier en deux le bonnet endroit contre endroit et coudre sur toute la longueur jusqu'à la pointe.

❍ Retourner le bonnet à l'endroit et replier la pointe vers le bas du bonnet. Fixer cette pointe avec un petit point.

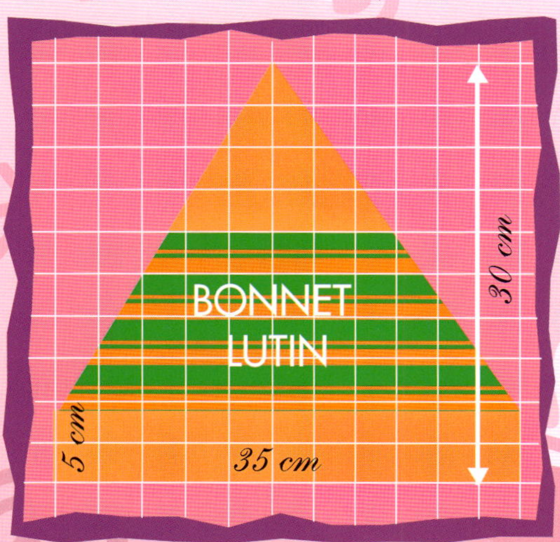

Pour ajouter une note de fantaisie au bonnet, tu peux coudre un ou deux pompons à cet endroit.

Idée de Filotin:

"Pour simplifier le modèle, tu peux bien sûr tout tricoter en jersey endroit, sans inverser les rayures. Pour les dimensions, le résultat est le même."

Pull kangourou

Il me faut:

- *70 gr de laine bleue*
- *10 gr de laine bleu ciel*
- *2 petits boutons*
- *2 aiguilles 3,5*

1. dos

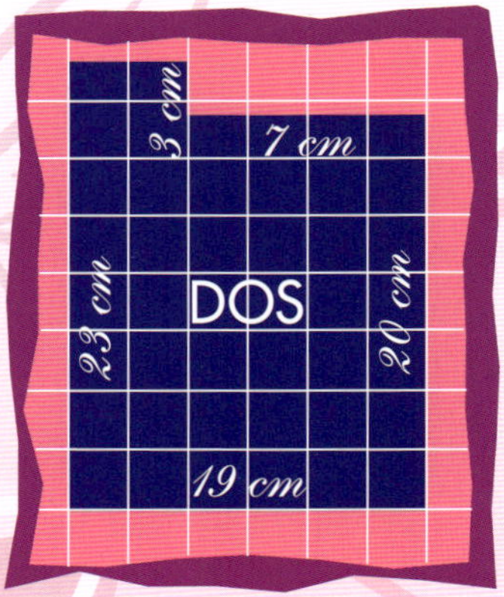

❍ Monter 40 mailles, tricoter 6 rangs de côtes et 50 rangs jersey.

❍ Arrêter 26 mailles et continuer en côtes sur les 14 mailles restantes pendant 6 rangs pour la patte de boutonnage, en faisant 2 boutonnières : tricoter 3 mailles, arrêter 1 maille, tricoter 6 mailles, arrêter 1 maille, tricoter 3 mailles. Au rang suivant, remonter les mailles au-dessus de celles qui ont été arrêtées.

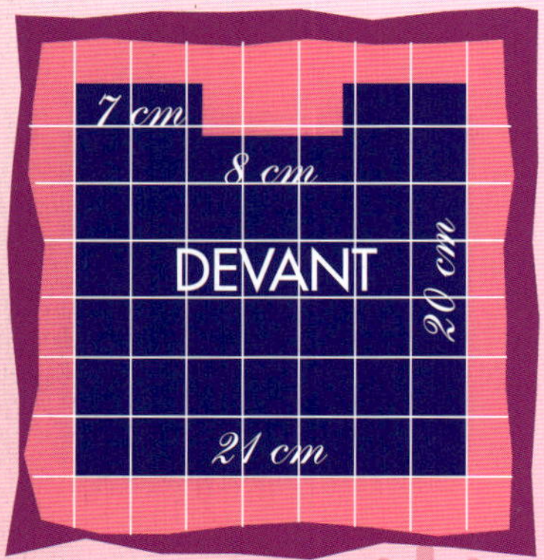

2. devant

❍ Monter 44 mailles, tricoter 6 rangs de côtes et 42 rangs jersey.

❍ Au 43ème rang, tricoter 15 mailles, arrêter 14 mailles et continuer sur les 15 mailles restantes pendant 8 rangs. Arrêter ces 15 mailles.

❍ Reprendre les 15 mailles en attente et tricoter 8 rangs. Arrêter ces 15 mailles.

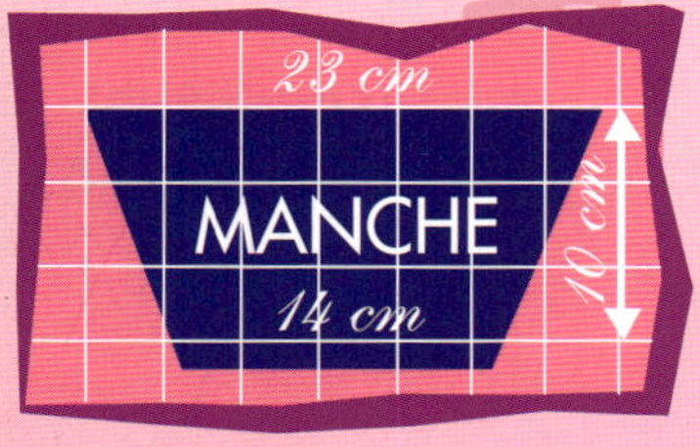

3. manches

❍ Monter 34 mailles et tricoter 4 rangs de côtes.

❍ Continuer en jersey 24 rangs en augmentant 1 maille de chaque côté tous les 4 rangs. Passer un fil repère à chaque augmentation. Arrêter toutes les mailles.

1 rang mousse = 2 rangs endroit

4. poche

❍ Monter 24 mailles avec la laine bleu ciel et tricoter 8 rangs en jersey.

❍ A partir du 9ème rang, diminuer 1 maille à chaque début de rang sur 4 cm. Arrêter les mailles restantes.

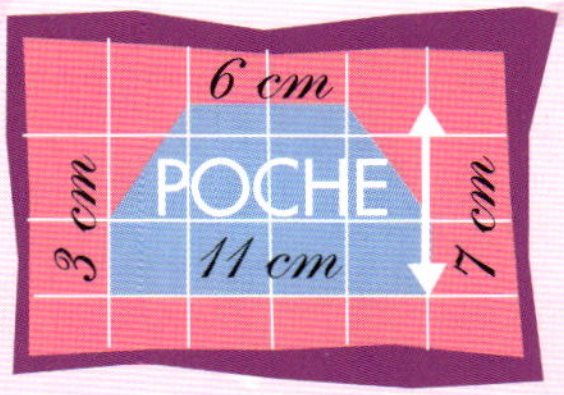

❍ Coudre la poche sur le devant en faisant correspondre le milieu du devant et le milieu de la poche. Attention, ne pas coudre les ouvertures de poche.

5. montage

❍ Poser le devant et le dos endroit contre endroit, épingler l'épaule opposée à la patte de boutonnage et la coudre.

❍ Relever les mailles autour de l'encolure. Tricoter 3 rangs en côtes et arrêter au 4ème rang.

❍ Continuer le montage en suivant les étapes en photos Chapitre 5.

❍ Fixer 2 petits boutons sur l'épaule.

Idée de Filotin:

"Quand tu "remontes" des mailles pour faire un col par exemple, il faut que l'endroit de ton tricot soit face à toi, qu'il te regarde en quelque sorte."

Manteau à capuche

Il me faut :

- 80 gr de laine gris clair
- 30 gr de laine gris foncé
- 6 boutons
- 1 gros pompon
- 2 aiguilles 3,5

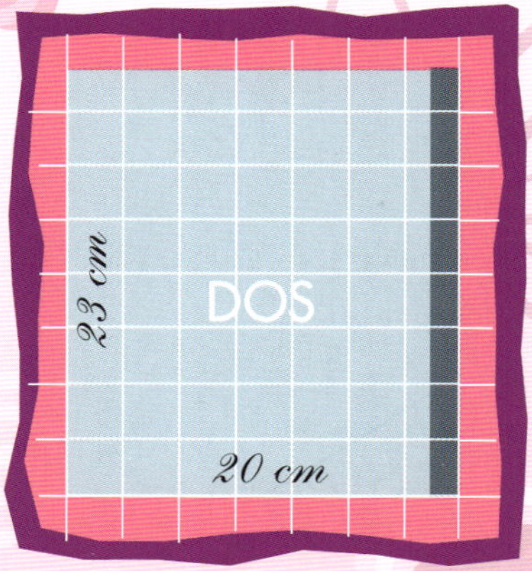

1. dos

❍ Monter 50 mailles avec la laine gris foncé, tricoter 3 rangs mousse et continuer en jersey avec la laine gris clair 64 rangs. Arrêter toutes les mailles.

2. devants

❍ Monter 25 mailles avec la laine gris foncé, tricoter 3 rangs mousse et continuer en jersey avec la laine gris clair 53 rangs.

❍ Au 54ème rang, diminuer 5 mailles pour l'encolure et continuer tout droit 10 rangs. Arrêter toutes les mailles.

❍ Tricoter le 2ème devant de la même façon en inversant les diminutions de l'encolure.

3. manches

❍ Monter 34 mailles en gris foncé, tricoter 3 rangs mousse.

❍ Continuer en jersey gris clair en augmentant une maille de chaque côté tous les 4 rangs pendant 24 rangs. Passer le fil repère au rang endroit de chaque augmentation. Arrêter toutes les mailles.

1 rang mousse = 2 rangs endroit

4. capuche et poches

❍ Capuche : monter 25 mailles gris clair, tricoter en jersey 120 rangs. Arrêter toutes les mailles.

❍ Poches : Monter 12 mailles gris foncé, tricoter 12 rangs point mousse. Arrêter toutes les mailles. Tricoter la 2ème poche semblable.

5. montage

❍ Avec la laine gris foncé, relever les mailles sur l'une des grandes longueurs de la capuche et tricoter 3 rangs mousse.

❍ Plier en deux la capuche endroit contre endroit et faire la couture arrière.

❍ Coudre le corps du manteau en suivant les étapes photos Chapitre 5.

❍ Relever 40 mailles avec la laine gris foncé sur chacun des devants pour les pattes de boutonnage. Pour les boutonnières, d'un côté, tricoter 3 mailles, "arrêter une maille et tricoter 8 mailles", répéter 4 fois cette séquence.

❍ Coudre les deux poches à égale distance des bords, la capuche au corps du manteau, les boutons et le pompon.

Idée de Filotin:

"C'est difficile de compter les rangs? Il y a une autre méthode: aide-toi du croquis, mesure le morceau tricoté pour voir s'il correspond aux dimensions indiquées. Simple non?"

Blouson sport

Il me faut:

- 70 gr de laine
- 1 fermeture éclair de 12 cm
- 1 motif brodé
- 2 aiguilles 3,5

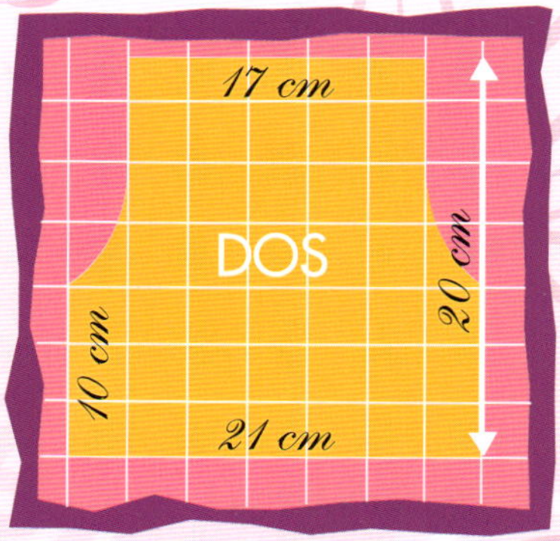

1. dos

❍ Monter 42 mailles et tricoter 4 rangs de côtes et 22 rangs en jersey.

❍ Au 23ème rang, diminuer pour les emmanchures : 1 fois 2 mailles et 2 fois 1 maille à chaque début de rang, en passant un fil repère au 1er rang des diminutions. Continuer tout droit 28 rangs à partir du fil repère. Arrêter toutes les mailles.

2. devants

❍ Monter 24 mailles et tricoter 4 rangs de côtes et 22 rangs jersey.

❍ Au 23ème rang, diminuer pour les emmanchures : 1 fois 2 mailles et 2 fois 1 maille d'un seul côté en passant un fil repère au 1er rang des diminutions. Continuer tout droit 19 rangs à partir du fil repère.

1 rang mousse = 2 rangs endroit

❍ Encolure : au 20ème rang après les diminutions, arrêter 6 mailles du côté opposé à l'emmanchure, passer le fil repère et tricoter 8 rangs. Arrêter toutes les mailles

❍ Tricoter le 2ème devant de la même façon, en inversant les côtés des diminutions.

3. manches

❍ Monter 32 mailles et tricoter 4 rangs de côtes et 22 rangs jersey en augmentant 1 maille de chaque côté tous les 6 rangs, passer un fil repère au rang endroit de chaque augmentation.

❍ Au 23ème rang, diminuer pour les emmanchures : 1 fois 2 mailles puis 13 fois 1 maille, de chaque côté. Arrêter toutes les mailles.

❍ Tricoter la 2ème manche semblable.

4. montage

❍ Poser les deux devants endroit contre endroit et coudre sur 4 cm à partir du bas. Puis épingler le dos et les devants et faire les coutures d'épaules et de côté.

❍ Relever les mailles autour de l'encolure et tricoter 14 rangs de côtes. Arrêter toutes les mailles. Plier le col en deux vers l'intérieur et coudre à petits points (comme un col roulé).

❍ Faire les autres coutures selon la leçon de montage photos Chapitre 5.

❍ Epingler la fermeture éclair sur les bords de l'ouverture devant (photo Chapitre 5).

❍ Finir en cousant la petite broderie sur le devant.

Idée de Filotin :

"Pour la fantaisie : tu peux découper une forme dans de la feutrine, par exemple une fleur ou un cœur, et tu couds cette forme sur la laine avec de petits points."

Débardeur de Berger

Il me faut:

- *50 gr de laine*
- *2 boutons pression*
- *2 gros boutons fantaisie*
- *2 aiguilles 3,5*

1. dos

❍ Monter 46 mailles et tricoter au point mousse 36 rangs.

❍ Au 37ème rang, commencer les brides : arrêter 9 mailles, tricoter 8 mailles, arrêter 12 mailles tricoter 17 mailles.

❍ Au rang suivant : arrêter 9 mailles.
Sur les 8 mailles de la 2ème bride, tricoter 12 rangs mousse. Arrêter les mailles.

❍ Reprendre les mailles de la 1ère bride laissées en attente et tricoter 12 rangs mousse. Arrêter les mailles.

2. devant

❍ Monter 46 mailles et tricoter au point mousse 36 rangs.

❍ Arrêter toutes les mailles.

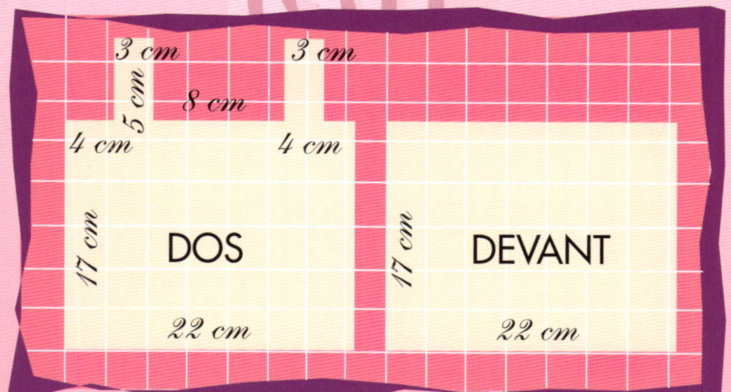

1 rang mousse = 2 rangs endroit

3. montage

❍ Poser le dos sur le devant, épingler et coudre les deux épaules jusqu'aux brides.

❍ Epingler les côtés sur la moitié de la longueur à partir du bas et coudre. La moitié non cousue correspond à l'ouverture pour les bras.

❍ Coudre deux petits boutons pression pour fixer les brides.

❍ Sur le dessus des brides, coudre deux gros boutons fantaisie.

Idée de Filotin:

"Si tu utilises de la laine détricotée, toute ondulée, enroule-la autour d'une bouteille en plastique remplie d'eau chaude, et après 2 heures environ, ta laine sera comme neuve."

Ensemble bonnet + pull + pantalon

Il me faut:

- *30 gr de laine jaune, 10 gr de laine bleue pour le bonnet écharpe*
- *40 gr de laine jaune, 20 gr de laine bleue pour le pull et 1 bouton*
- *50 gr de laine jaune pour le pantalon*
- *1 fil élastique fin pour la ceinture du pantalon*
- *2 aiguilles 3,5*

BONNET ECHARPE

1.écharpe

❍ Monter 10 mailles avec la laine bleue et tricoter au point mousse pendant 55 cm. Arrêter toutes les mailles.

2. tour du bonnet

❍ Monter 18 mailles avec la laine jaune et tricoter au point mousse pendant 50 cm. Arrêter toutes les mailles.

3. face arrière

❍ Monter 16 mailles avec la laine jaune et tricoter au point mousse pendant 10 cm. Arrêter toutes les mailles.

4. montage

❍ Epingler et coudre l'arrière du bonnet au tour du bonnet.

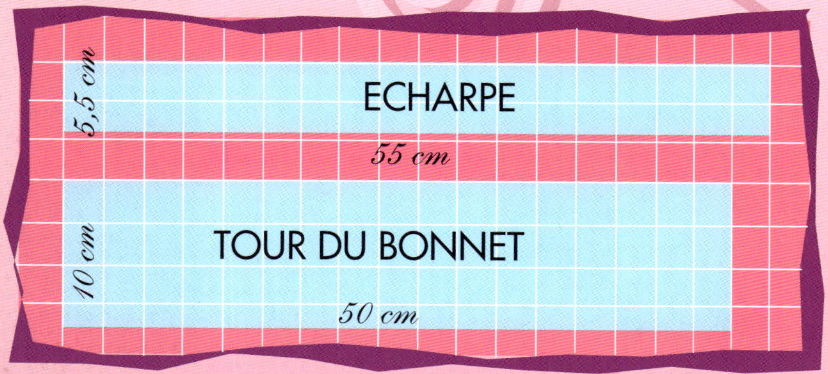

❍ Epingler et coudre l'écharpe au bas du bonnet en faisant correspondre le milieu de chaque élément.

1 rang mousse = 2 rangs endroit

PULL RAYE

1. dos

❍ Monter 40 mailles avec la laine jaune et tricoter 28 rangs au point mousse. Arrêter toutes les mailles.

2. devant

❍ Monter 40 mailles avec la laine jaune et tricoter les rayure en alternant 4 rangs mousse jaune et 4 rangs mousse b leu. Au total, il y a 4 rayures jaunes et 3 rayures bleues.

❍ Au 29ème rang mousse, arrêter 28 mailles et tricoter sur les mailles restantes 4 rangs mousse pour la patte de boutonnage.

Idée de Filotin:

"Quand tu commences une nouvelle pelote, ne fais pas de nœud, mais tricote 2 ou 3 mailles avec les deux brins de laine, celui de la pelote qui finit et celui de la pelote qui commence."

Ensemble (suite)

Il me faut:

- *30 gr de laine jaune, 10 gr de laine bleue pour le bonnet écharpe*
- *40 gr de laine jaune, 20 gr de laine bleue pour le pull et 1 bouton*
- *50 gr de laine jaune pour le pantalon*
- *1 fil élastique fin pour la ceinture du pantalon*
- *2 aiguilles 3,5*

3. manches

❍ Monter 28 mailles avec la laine bleue et tricoter 4 rangs mousse.

❍ Continuer avec la laine jaune pendant 11 rangs mousse. Arrêter les mailles.

❍ Tricoter la 2ème manche semblable.

4. montage

❍ Poser le dos et le devant endroit contre endroit, épingler et coudre l'épaule opposée à la patte de boutonnage sur une longueur de 6 cm.

❍ Ouvrir l'ouvrage et le poser bien à plat, face envers contre la table. Poser les deux manches sur le corps du tricot, épingler et coudre. (voir photos Chapitre 5).

❍ Plier le tricot en deux, endroit contre endroit, épingler et coudre les dessous de bras et les côtés.

❍ Coudre un petit bouton sur l'épaule face à la patte de boutonnage.

1 rang mousse = 2 rangs endroit

PANTALON JAUNE

1. jambe gauche

- Monter 40 mailles et tricoter 6 rangs de côtes.
- Continuer au point mousse 18 rangs.

Au 19ème rang, arrêter 2 mailles de chaque côté en passant un fil repère au 1er rang des diminutions.

- Continuer droit 26 rangs point mousse à compter du fil repère. Arrêter toutes les mailles.

2. jambe droite

Identique à la jambe gauche.

3. montage

- Plier en deux chaque jambe, endroit contre endroit, épingler et coudre.
- Tourner l'une des deux jambes à l'endroit, l'enfiler dans l'autre jambe, endroit contre endroit, épingler et coudre (voir photos Chapitre 5).

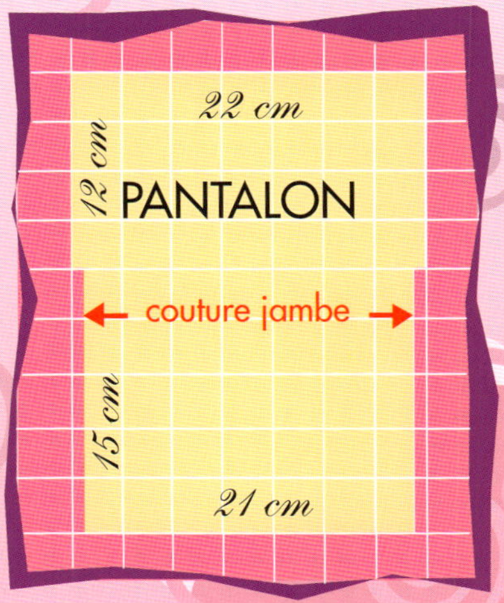

Idée de Filotin:

"Pour arrêter les mailles, ne tire pas sur le brin de laine, ton tricot serait tout resserré. Oblige-toi à garder ton fil très souple."

Les indispensables très faciles

Il me faut:

Pour la marinière:

- *30 gr de laine blanche, 10 gr de laine bordeaux et 1 bouton pression pour la marinière*
- *2 aiguilles 3,5*

MARINIERE

1. dos

❍ Monter 40 mailles avec la laine blanche et tricoter 6 rangs côtes.

❍ Continuer en jersey 40 rangs en alternant 4 rangs blanc et 2 rangs bordeaux, soit 7 rayures blanches et 6 rayures bordeaux. Tricoter la 1ère maille des rangs endroit avec les 2 brins de laine. Arrêter toutes les mailles.

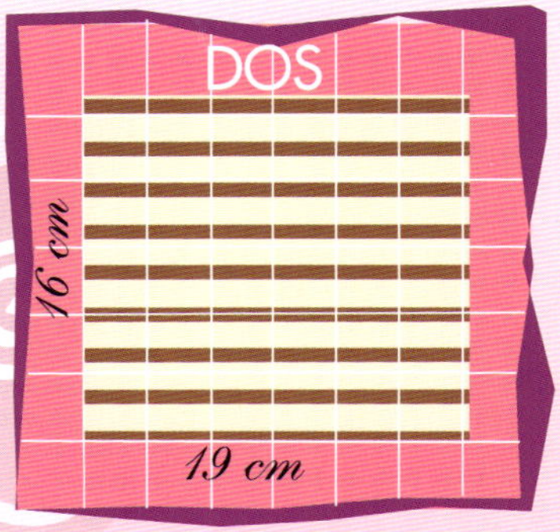

2. devant

❍ Monter 40 mailles avec la laine blanche et tricoter 6 rangs côtes.

❍ Continuer en jersey 40 rangs en alternant 4 rangs blanc et 2 rangs bordeaux.

❍ Arrêter 26 mailles. Tricoter 6 rangs côtes sur les 14 mailles restantes. Arrêter toutes les mailles.

1 rang mousse = 2 rangs endroit

3. montage

❍ Coudre épaule opposée à la patte de boutonnage sur 6 cm, puis le long de la patte de boutonnage. Comme sur la photo ci-contre.

❍ Relever les mailles côté manches jusqu'à la 3ème rayure blanche. Tricoter 5 rangs en côtes. Arrêter toutes les mailles.

❍ Coudre les côtés.

❍ Coudre le bouton pression sous la patte de boutonnage.

SHORT

1. dos

❍ Monter 40 mailles avec la laine blanche. Tricoter 6 rangs côtes et 12 rangs jersey.

❍ A partir du 13ème rang, diminuer de chaque côté 1 fois 6 mailles, 1 fois 4 mailles, 1 fois 3 mailles, 1 fois 2 mailles et 1 fois 1 maille. Il reste 8 mailles.

❍ Tricoter 6 rangs sur ces 8 mailles et les arrêter.

Idée de Filotin.

"Pour commencer une pelote, je te conseille de sortir le fil de l'intérieur de la pelote. C'est plus facile après de laisser venir le fil."

Ensemble (suite)

Il me faut :

Pour le short :

- *20 gr de laine blanche, 10 gr de bordeaux*
- *1 morceau d'élastique fin*
- *2 aiguilles 3,5*

Les chaussons :

- *environ 10 gr de laine*
- *2 pompons*

2. devant

Se tricote comme le dos.

3. montage

❍ Coudre l'entrejambe.

❍ Relever les mailles autour des enjambures et tricoter 5 rangs côtes. Arrêter toutes les mailles.

❍ Coudre les côtés.

❍ Passer l'élastique sur l'envers au milieu des rangs de côtes.

CHAUSSONS

❍ Monter 20 mailles et tricoter 13 rangs point mousse.

❍ Arrêter toutes les mailles.

❍ Tricoter un 2ème rectangle semblable.

montage

❍ Plier le rectangle en deux et faire les coutures comme indiqué sur la photo page 57.

❍ Retourner le chausson à l'endroit et coudre un pompon sur le dessus de chacun.

Modèles pour poupées de 54 cm

Veste vert amande

Il me faut:

- *70 gr de laine verte*
- *3 petits boutons*
- *2 aiguilles 3,5*

1. dos

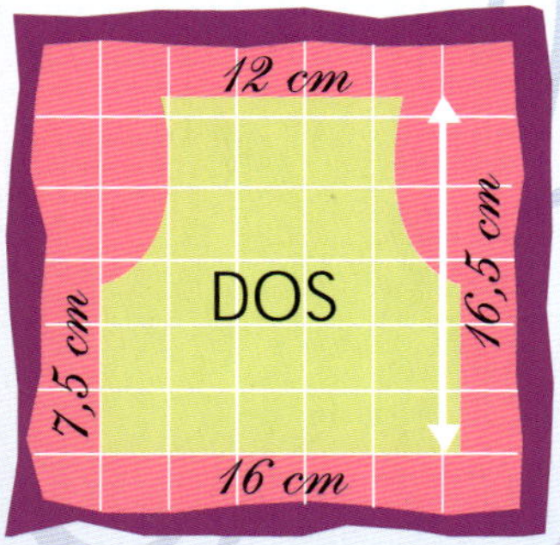

❍ Monter 44 mailles et tricoter 3 rangs point mousse et 24 rangs jersey.

❍ Au 25ème rang, diminuer de chaque côté 1 fois 2 mailles puis 2 fois 1 maille, en passant un fil repère au 1er rang des diminutions.

❍ Continuer 26 rangs à partir du fil repère. Arrêter toutes les mailles.

2. devants

❍ Monter 22 mailles. Tricoter 3 rangs mousse et 24 rangs jersey.

❍ Diminuer d'un côté 1 fois 2 mailles et 2 fois 1 maille, en passant un fil repère au 1er rang des diminutions. Continuer droit 20 rangs à partir du fil repère.

❍ Au 21ème rang à partir du fil repère, du côté opposé aux diminutions de la manche, arrêter pour l'encolure 6 mailles. Tricoter 6 rangs et arrêter toutes les mailles.

❍ Tricoter le 2ème devant semblable en inversant le côté des diminutions emmanchures et encolure.

3. manches

❍ Monter 36 mailles. Tricoter 3 rangs mousse et 24 rangs jersey.

❍ Au 25ème rang, passer un fil repère et diminuer de chaque côté 1 fois 2 mailles et 11 fois 1 maille. Arrêter les 6 mailles restantes.

1 rang mousse = 2 rangs endroit

4. montage

❍ Suivre les indications de montage en photos Chapitre 5.

❍ Pattes de boutonnage : relever les mailles sur chaque devant et tricoter 2 rangs au point mousse.

❍ Pour les **boutonnières**, sur l'une des pattes : tricoter 1 rang point mousse. Au 2ème rang : tricoter 4 mailles, **arrêter 1 maille, tricoter 8 mailles** (répéter encore 2 fois ce qui est en caractères gras). Au rang suivant, remonter 1 maille aux trois endroits où tu en as arrêté une et tricoter encore 1 rang mousse. Arrêter toutes les mailles.

❍ Pour le col, relever les mailles autour de l'encolure et tricoter 10 rangs point mousse. Arrêter toutes les mailles.

❍ Finir en cousant les 3 petits boutons en face des boutonnières.

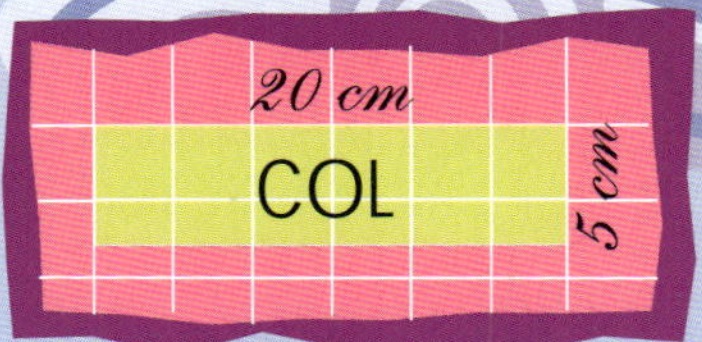

Idée de Filotin :

"Sais-tu ce que signifie "tricoter en miroir" ? Regarde comment est faite l'encolure d'une veste, les encolures se font face, les mailles sont donc arrêtées d'un côté sur l'endroit et de l'autre sur l'envers."

Tee-shirt fushia

Il me faut:

- *40 gr de laine*
- *20 cm de ruban fin ou de croquet*
- *2 aiguilles 3,5*

1. dos

❍ Monter 36 mailles et tricoter 15 rangs mousse.

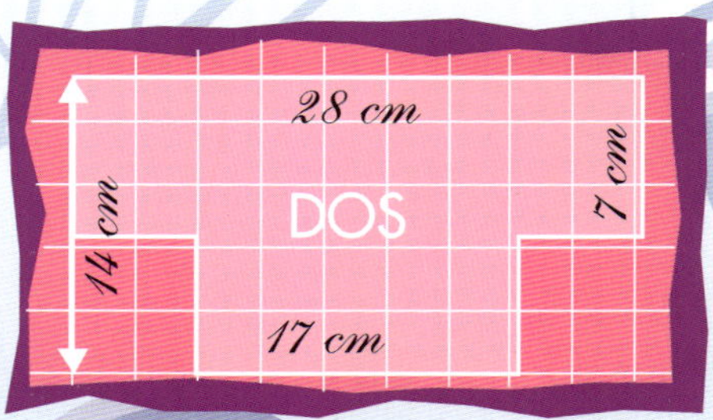

❍ Au 16ème rang mousse, augmenter 10 mailles de chaque côté en passant un fil repère au 1er rang des augmentations et continuer tout droit 15 rangs mousse (à partir du fil repère).

❍ Arrêter les mailles.

2. devant

❍ Monter 36 mailles et tricoter 15 rangs mousse.

❍ Au 16ème rang mousse, augmenter 10 mailles de chaque côté en passant un fil repère au 1er rang des augmentations et continuer tout droit 8 rangs mousse.

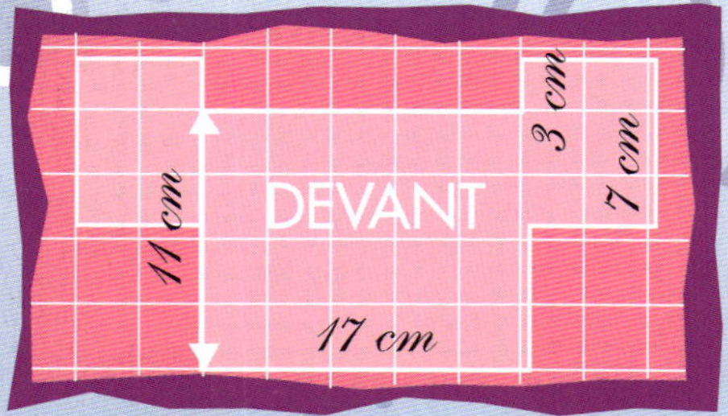

❍ Au 9ème rang mousse à partir des augmentations, tricoter 20 mailles, arrêter les 16 mailles centrales et continuer 7 rangs mousse sur les 20 mailles restantes. Arrêter ces 20 mailles.

1 rang mousse = 2 rangs endroit

❍ Reprendre les 20 mailles en attente et tricoter 7 rangs mousse. Arrêter ces 20 mailles.

3. montage

❍ Epingler le dos et le devant et faire les coutures d'épaules, de dessous de bras et de côté.

❍ Ajouter une petite note de fantaisie autour de l'encolure : soit un ruban fin passé entre les mailles, soit un croquet cousu avec un fil de même couleur à petits points.

Idée de Filotin:

"Ne jette plus tes collants fantaisie s'ils sont filés. En découpant un rectangle, en le pliant en deux et en cousant 2 côtés à petits points, tu obtiens une paire de chaussettes. Astucieux non ?"

Il me faut:

- *50 gr de laine noire et 50 gr de laine rouge*
- *1 cordelette ou 1 ruban fin*
- *2 aiguilles 3,5*

Cape petit chaperon

La cape se tricote en un seul morceau, en alternant les rayures noires et les rayures rouges.

Les rayures noires se tricotent sur toutes les mailles, les rayures rouges sur 45 mailles seulement. Cela signifie qu'il ne faut pas tricoter les rangs rouges jusqu'au bout du rang, mais faire demi-tour après la 45ème maille.

Cette technique permet d'obtenir l'ampleur désirée pour le bas de la cape.

Notre modèle comporte 41 rayures de chaque couleur.

1. cape

❍ Monter 60 mailles en noir et commencer par 3 rangs mousse.

1 rang mousse = 2 rangs endroit

❍ Continuer en jersey en alternant 2 rangs rouge (sur 45 mailles) et 2 rangs noir (sur tout le rang).

❍ Terminer par 3 rangs mousse en noir et arrêter toutes les mailles.

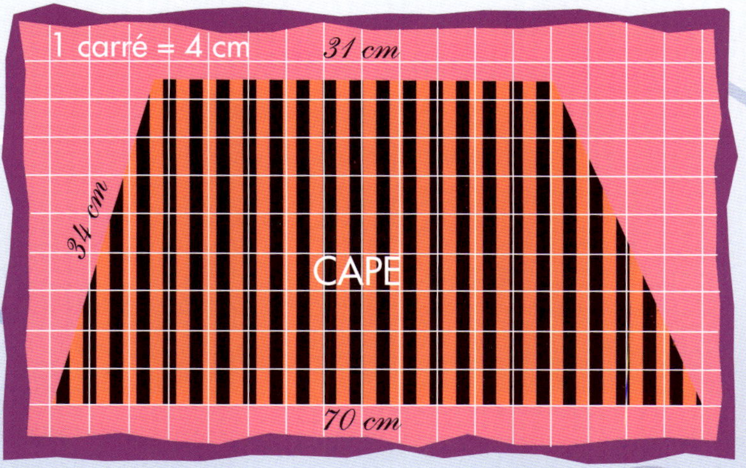

2. montage

❍ Relever les mailles autour de l'encolure et tricoter un rang mousse. Arrêter les mailles.

❍ Relever les mailles du bas de la cape et tricoter 3 rangs mousse.

❍ A 4 cm du bord de l'encolure, passer une cordelette ou un ruban fin entre les mailles à l'aide d'une petite épingle à nourrice. En attachant ce lien autour du cou de la poupée, ce qui est au-dessus de la cordelette devient un col collerette.

Idée de Filotin:

"Tu peux faire une cape plus courte en mettant moins de mailles, par exemple 40 mailles au lieu de 60 et les rangs rouge sont tricotés sur 20 mailles au lieu de 45".

Robe chasuble

Il me faut:

- *50 gr de laine bleue*
- *2 boutons pression*
- *1 cordelette*
- *2 aiguilles 3,5*

1. dos

❍ Monter 60 mailles et tricoter 3 rangs mousse.

❍ Continuer en jersey 44 rangs.

❍ Au 45ème rang, tricoter les mailles 2 par 2, en passant un fil repère au milieu du rang.
Il reste 30 mailles à la fin du rang. Tricoter le rang suivant normalement. Puis diminuer 2 mailles au début des 2 rangs suivants.

❍ Tricoter 20 rangs jersey à partir du fil repère et arrêter toutes les mailles.

2. devant

❍ Monter 60 mailles et tricoter 3 rangs mousse.

❍ Continuer en jersey 44 rangs.

❍ Au 45ème rang, tricoter les mailles 2 par 2, en passant un fil repère au milieu du rang. Il reste 30 mailles à la fin du rang. Tricoter le rang suivant normalement. Puis diminuer 2 mailles au début des 2 rangs suivants.

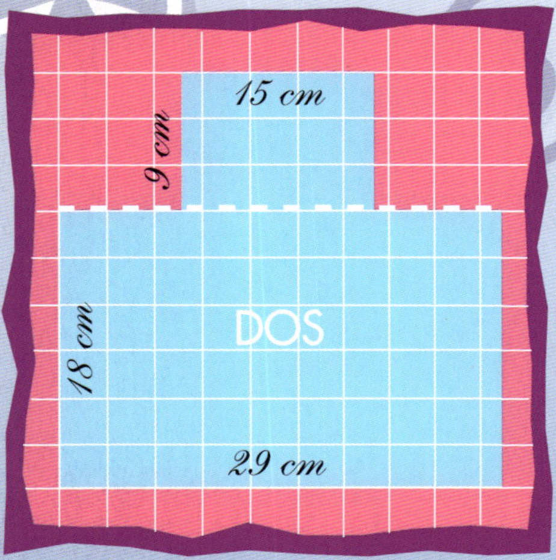

❍ Tricoter 12 rangs jersey à partir du fil repère. Au 13ème rang tricoter 8 mailles (qui vont rester en attente), arrêter 10 mailles pour l'encolure et continuer 12 rangs sur les 8 mailles restantes. Arrêter les mailles de cette bretelle et reprendre les 8 mailles laissées en attente pour tricoter 12 rangs jersey.

1 rang mousse = 2 rangs endroit

3. poches

❍ Monter 10 mailles, tricoter 1 rang mousse et 12 rangs jersey.

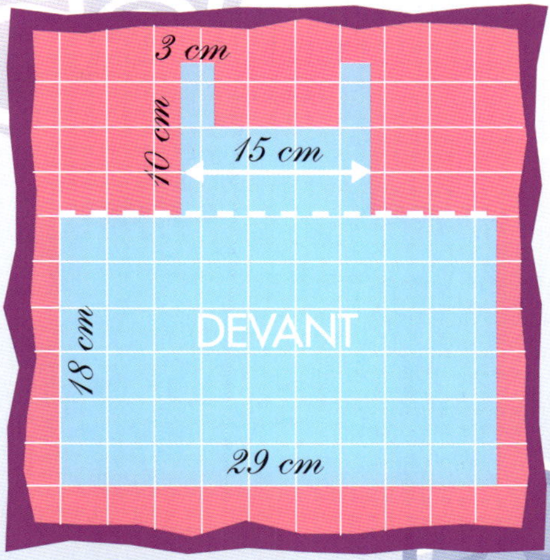

4. montage

❍ Coudre les poches sur le devant de la robe.

❍ Poser le dos et le devant endroit contre endroit, épingler les côtés et coudre.

❍ Coudre 1 bouton pression sous les bretelles et passer une cordelette dans les trous de la taille formés par les mailles tricotées 2 par 2.

Idée de Filotin:

"Humm! je verrais bien une petite veste pour accompagner cette jolie robe. Pas toi?"

Pantalon noir de soirée

Il me faut:

- *50 gr de laine noire*
- *1 peu d'élastique fin*
- *2 aiguilles 3,5*

1. jambe gauche

❍ Le pantalon se commence par le bas.
Monter 38 mailles et tricoter 2 rangs mousse.

❍ Continuer en jersey 44 rangs en augmentant 1 maille de chaque côté tous les 6 rangs.
Passer le fil repère au niveau de chaque augmentation.

❍ Au 45ème rang (17 cm de hauteur totale) diminuer 2 mailles à chaque début de rang 5 fois.
Passer le fil repère au dernier rang des diminutions.

1 rang mousse = 2 rangs endroit

❍ Tricoter 10 rangs tout droit à compter du dernier fil repère, puis 4 rangs de côtes. Arrêter toutes les mailles.

2. jambe droite

❍ Tricoter la 2ème jambe semblable.

3. montage

❍ Plier en 2 chaque jambe endroit contre endroit, épingler et coudre.

❍ Retourner une jambe à l'endroit et l'enfiler dans l'autre jambe. Les jambes du pantalon se retrouvent donc endroit contre endroit. Epingler et coudre le fond du pantalon. Voir photos Chapitre 5.

❍ Passer l'élastique sur l'envers à travers les mailles de côtes de la ceinture.

Idée de Filotin:

"Connais-tu des tricoteuses célèbres? Marie Antoinette, la femme de Louis XVI en était une, paraît-il. Et on disait même au 18ème siècle que le tricot était une science! ".

Les indispensables très faciles

Il me faut:

Pour la marinière

- *30 gr de laine chinée et 10 gr de laine mauve,*
- *1 bouton pression*
- *2 aiguilles 3,5*

MARINIERE

1. dos

❍ Monter 34 mailles avec la laine chinée et tricoter 6 rangs côtes.

❍ Continuer en jersey 34 rangs en alternant 4 rangs chiné et 2 rangs mauve, soit 6 rayures chiné et 5 rayures mauve. Arrêter toutes les mailles.

2. devant

❍ Monter 34 mailles avec la laine chinée et tricoter 6 rangs côtes.

❍ Continuer en jersey 34 rangs en alternant 4 rangs chiné et 2 rangs mauve, soit 6 rayures chiné et 5 rayures mauve.

❍ Arrêter 24 mailles. Tricoter 6 rangs côtes sur les 10 mailles restantes.

3. montage

❍ Coudre l'épaule opposée à la patte de boutonnage, puis le long de la patte de boutonnage. Voir photo ci-contre.

1 rang mousse = 2 rangs endroit

❍ Relever les mailles de chaque côté du corps jusqu'à la 4ème rayure chinée. Tricoter 5 rangs en côtes. Arrêter toutes les mailles.

❍ Épingler et coudre les côtés.

❍ Coudre une pression sous la patte de boutonnage épaule.

SHORT

1. dos

❍ Monter 34 mailles. Tricoter 6 rangs côtes et 12 rangs jersey.

❍ A partir du 13ème rang, diminuer de chaque côté 5 mailles, 4 mailles, 3 mailles, 2 fois 1 maille. Il reste 6 mailles.

❍ Tricoter 6 rangs sur ces 6 mailles et les arrêter.

2. devant

Se tricote comme le dos.

Idée de Filotin:

"Tu tricotes la 1ère maille toi? Il y a des tricoteuses qui ne le font pas. Les 2 méthodes sont aussi valables l'une que l'autre.".

Les indispensables (suite)

Il me faut:

Pour le short:

- *20 gr de laine chinée et 10 gr de laine mauve, un peu d'élastique fin.*

Les chaussons:

- *environ 10 gr de laine et 2 lacets de laine mauve.*
- *2 aiguilles 3,5*

3. montage

❍ Coudre l'entrejambe.

❍ Relever les mailles autour des enjambures et tricoter 5 rangs côtes. Arrêter toutes les mailles.

❍ Coudre les côtés.

❍ Passer l'élastique à l'intérieur de la ceinture.

CHAUSSONS

❍ Monter 22 mailles et tricoter 13 rangs point mousse.

❍ Arrêter toutes les mailles.

❍ Tricoter un 2ème rectangle semblable.

❍ Pour la couture des chaussons, suivre les explications détaillées de la page 57.

Devinette

Combien y a-t-il de poils de laine dans 1 cm² de mon pelage?

RÉPONSE :
de 1200 à 9000 poils selon l'animal.

Que peut-on faire avec des restes de laine ?

.... Des vêtements très colorés, pleins de fantaisie, en mariant les couleurs, réalisés à partir de n'importe quel modèle présenté dans ce livre ...

Je couds le vêtement tricoté

Je couds les vêtements tricotés

Voici un peu de technique pour coudre les vêtements que tu viens de tricoter. C'est le soin que tu apporteras à la finition d'un vêtement qui va lui donner toute sa beauté.

Avant de suivre les étapes en photos, prends le temps de lire ces quelques astuces bien utiles :

- Utilise les fils de montage et d'arrêt des mailles pour commencer les coutures.
- Arrête les bouts de laine en les glissant sous quelques mailles à l'envers.
- Lorsque tu commences une nouvelle aiguillée de laine, ne fais pas de nœud mais glisse le fil sous quelques mailles avant de débuter ta couture.

Je couds les vêtements tricotés

- Le point utilisé pour coudre est le point de piqûre.

Comme ceci :

- Il n'est en général pas utile de repasser un vêtement afin de préserver le gonflant et le moelleux de la laine.
  Si, toutefois, tu dois "donner un coup de fer", utilise alors un linge légèrement humide ("patte mouille") et un fer tiède.

PULL OU VESTE AVEC MANCHES RECTANGULAIRES

Etape 1 : épaules

Epingler les épaules dos et devants endroit contre endroit.

Coudre à points de piqûre en ôtant les épingles au fur et à mesure.

Etape 2 : manches

Epingler endroit contre endroit la manche et le corps de la veste ou du pull en faisant correspondre le milieu de la manche avec la couture d'épaule.

Coudre à points de piqûre en ôtant les épingles au fur et à mesure. Passer le fil d'arrêt sous quelques mailles à l'envers du travail.

PULL OU VESTE AVEC MANCHES RECTANGULAIRES

Etape 3 : côtés et dessous de bras

Epingler endroit contre endroit la manche et le corps de la veste ou du pull.

Coudre à points de piqûre en ôtant les épingles au fur et à mesure.

Passer le fil d'arrêt sous quelques mailles à l'envers du travail.

Etape 4 : col

Relever les mailles autour de l'encolure.

Tricoter la hauteur désirée suivant la grandeur du col (de 2 rangs pour une petite bordure à 20-30 rangs pour un col rabattu).

Arrêter toutes les mailles sans serrer et passer le fil d'arrêt sous quelques mailles à l'envers du travail.

PULL OU VESTE AVEC MANCHES A DIMINUTIONS

Etape 1 : épaules et côtés

Epingler le dos et les devants endroit contre endroit, épaules et côtés.

Coudre à points de piqûre en ôtant les épingles au fur et à mesure.

Etape 2 : dessous de manches

Plier la manche en 2, endroit contre endroit, épingler.

Coudre à points de piqûre en ôtant les épingles au fur et à mesure.

PULL OU VESTE AVEC MANCHES A DIMINUTIONS

Etape 3 : manches

Epingler le tour de manche au corps de la veste endroit contre endroit, en faisant correspondre les coutures de dessous de bras et les coutures de côté.

Coudre à points de piqûre en ôtant les épingles au fur et à mesure.

Etape 4 : pattes de boutonnage

Relever les mailles sur les devants et tricoter quelques rangs soit en côtes, soit en point mousse en répartissant les ouvertures pour les boutonnières.

Arrêter toutes les mailles et rentrer les fils d'arrêt en passant l'aiguille sous quelques mailles sur l'envers du travail.

POSE DE FERMETURE ECLAIR

Epingler la fermeture éclair sous les 2 bords à réunir.

Faufiler pour bien tenir ensemble la fermeture et les bords tricotés.

Coudre au fil fin à petits points piqûre.

PANTALON

Couture des jambes

Plier les jambes endroit contre endroit et épingler le long de chaque jambe.

Coudre au point de piqûre en utilisant les fils de montage des mailles et en ôtant les épingles au fur et à mesure.

Rentrer tous les fils sur l'envers.

Couture du corps

Mettre une jambe à l'envers et l'autre à l'endroit.

Enfiler une jambe dans l'autre, endroit contre endroit.

Epingler et coudre au point de piqûre en utilisant les fils d'arrêt des mailles et en ôtant les épingles au fur et à mesure.

Sortir la jambe qui est à l'intérieur et retourner tout le pantalon à l'endroit.

Devinette

Quels sont les animaux qui fournissent de la laine ?

RÉPONSE : L'agneau, le lapin, le chameau, le lama, l'alpaga, le mouton, la vigogne.

Et si je transformais un modèle?

Et si je transformais un modèle?

Tu peux à partir d'un modèle proposé, créer ton propre modèle; par exemple, en transformant un pull en veste.

Pour cela, tu divises par 2 la largeur du devant (les bandes de boutonnage sont en plus).

Comme ceci :

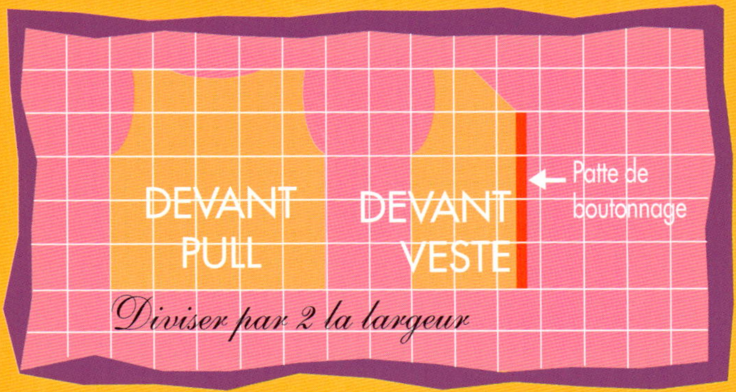

Tu peux également transformer un pantalon long en short en raccourcissant la hauteur de la jambe.

Comme ceci :

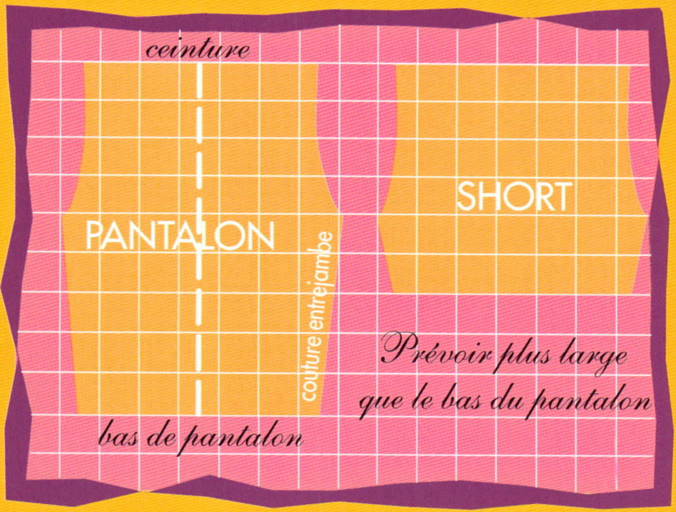

Ou encore tricoter un polo manches courtes à partir d'un pull. Il te suffit de réduire la hauteur des manches.

Comme ceci :

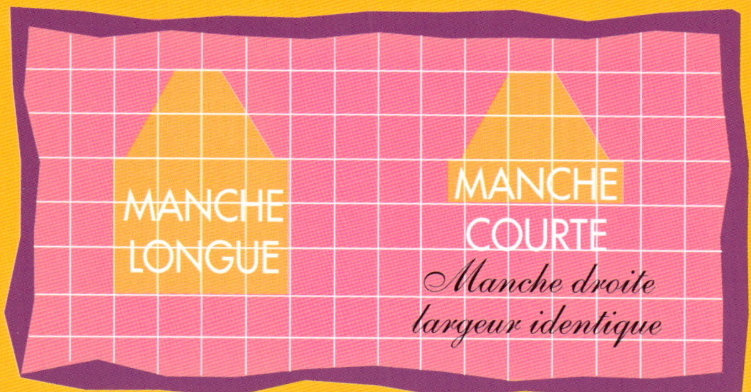

A toi de jouer ! N'oublie surtout pas de noter les modifications que tu apportes au modèle de base.

Remerciements

Je remercie tout particulièrement :

Andrée, Cinzia, Danièle, Denise,
Dominique, Elma, Geneviève, Judith,
Maria, Michèle, Mirella, Nicole, Ophélie,
Sophie, Valérie,

Pour leurs encouragements et conseils.

Et les poupées et poupons :

Adeline, Alice, Anita, Basile, Bricole,
Camille, Diane, Flora, Hector,
Jenny, Julie, les Jumeaux, Lisa, Lily, Lucie,
Martin, Minette, Nina, Raphaël,
Reine, Rémi, Rose, Sidonie, Tania, Titus,
Toni, Violette,

Pour leur gentille frimousse et leur
coquetterie.

ISBN 2-951977-0-2

Création graphique et compo-gravure : De Facto Communication (69110).
Illustrations : Alexandre BUSSUTIL
Impression : IBF (69)
Photos : Véronique BRIAND